领导的方与圆

曾仕强 著

全集·全新

北京大学出版社
PEKING UNIVERSITY PRESS

内容提要

"管理"一共两个字，一个是"管"，一个是"理"。"理人管事"，是管理者做好工作的根本。本书根据中国人的人性特点，结合东西方文化和管理经验，从企业日常管理的实际出发，提出了"做人、做事六原则""处理问题要谋定而后动""建立合乎人性的制度"等外圆内方的管理原则，为企业各级人员提供了一整套行之有效的职场方法，通过对人性的洞察和把握，顺势而为，做好理人管事的工作。

图书在版编目(CIP)数据

领导的方与圆：全集·全新 / 曾仕强著. -- 北京：北京大学出版社, 2025.6. -- ISBN 978-7-301-36194-8

Ⅰ. F272.91

中国国家版本馆CIP数据核字第20256RV090号

书　　　名	领导的方与圆：全集·全新
	LINGDAO DE FANG YU YUAN：QUANJI·QUANXIN
著作责任者	曾仕强　著
责任编辑	杨　爽
标准书号	ISBN 978-7-301-36194-8
出版发行	北京大学出版社
地　　　址	北京市海淀区成府路205号　100871
网　　　址	http://www.pup.cn　　新浪微博：@北京大学出版社
电子邮箱	编辑部 pup7@pup.cn　　总编室 zpup@pup.cn
电　　　话	邮购部 010-62752015　发行部 010-62750672　编辑部 010-62570390
印　刷　者	涿州市星河印刷有限公司
经　销　者	新华书店
	720毫米×1020毫米　16开本　16.5印张　221千字
	2025年6月第1版　2025年6月第1次印刷
印　　　数	1—6000册
定　　　价	99.00元

未经许可，不得以任何方式复制或抄袭本书之部分或全部内容。
版权所有，侵权必究
举报电话：010-62752024　电子邮箱：fd@pup.cn
图书如有印装质量问题，请与出版部联系。电话：010-62756370

序

我们常常听见有些人抱怨：中国人真难管！

我们的回应则是：谁叫你管中国人了？

人性的尊严在哪里？就在于自己可以当家做主。如果事事要人管，还有什么尊严可言？

领导管下属，触及了下属不喜欢被管的人性弱点；下属觉得丧失了尊严，但不敢明目张胆地抗拒，只能表面上顺从，暗地里却在想办法与领导对抗。

那么，既然人不喜欢被管，岂不就是无从管理？

其实不然。因为"管理"一共两个字，一个是"管"，一个是"理"。作为管理者，你既不能"不管"，也不能"不理"。领导者该如何管理下属呢？答案是：尊重人性，多管事，少管人；多理他，少去管他。

什么是"理"？"理"就是"敬"。我们常说"敬人者，人恒敬之"，用现代语言来说，就是"尊重他人的人，同样也会获得他人的敬重"。再用通俗一点的话来讲，那就是"你看得起别人，别人也会看得起你"。

领导看得起下属，下属就会更加用心地把工作做好。这是人性管理的要领。

中国人爱面子，最怕被别人看不起。但要有面子、希望别人看得起自己，最好的办法就是自觉、自反和自律。

首先是自觉。自觉什么？就是自己要领悟到不喜欢被管是有条件的：必须先把自己管好，才有资格要求别人少管自己。自己管不好自己，别人是一定要来管的。可见，管理的起点，在于先把自己管好，这叫作"修身"。

其次是自反。要"修身"，必须时常反省、检讨自己：我有哪些过失？如何改善才能够提升自我，使我被人敬重？自己反省，才不致被他人指责；自己不知道反省，却又不受管，那就是蛮横无理，势必引起大家的反感。

最后是自律。自反的结果，必须表现在自己的行为、态度上，这样大家才看得到，才敢相信我们。

人性管理要从家庭做起，进而推广到企业、团体、社会。人性管理不仅可以提高自己的修养，还会让我们的人际关系越来越和谐，管理工作也会越来越轻松。

序于台北市明道阁

| 第一章 |

洞察人性管理的奥秘

中国式管理即人性管理 / 002

管理的原则：以人为本 / 004

一切皆变，唯有人性不变 / 006

人不喜欢被管 / 007

人性管理：管事＋理人 / 011

| 第二章 |

人性管理的重要原则：外圆内方

理：看得起，有面子 / 014

要理人管事 / 016

做事要圆通 / 019

圆通不是圆滑 / 020

外圆内方真君子 / 024

| 第三章 |

外圆内方的要义

『方』：方针、准则 / 026

『圆』：变通、有涵养 / 029

方形是『经』，圆形是『权』 / 031

有所变，有所不变 / 032

循则而变 / 034

合理变通 / 036

| 第四章 |

做人、做事六原则

守本分，做好本职工作 / 040

守规矩，按制度办事 / 042

守时限，提前完成才有可能实现 / 044

守承诺，一诺千金 / 046

重改善，精益求精 / 048

重方法，正确有效是唯一的衡量标准 / 050

第五章
建立合乎人性的制度

管理制度化 / 052

自觉遵守合理的制度 / 053

由下而上定制度最有效 / 056

老板有最终决定权 / 057

上下多交流，彼此多尊重 / 058

好制度要动态平衡 / 061

好制度关键在执行 / 062

凡事合理合法 / 063

第六章
处理问题的基本思路

制度要有软件配合 / 073

得到面子要格外讲理 / 072

处理问题要人性化 / 071

依法处理有前提 / 069

要用情和行动去化解矛盾 / 067

遇事首先讲情 / 066

第七章
处理问题要谋定而后动

思考的方式和执行的方式相反 / 077

做事要合法 / 078

遇事要变通 / 080

不能变通时要求得理解 / 083

合理合法，还要考虑可能产生的后遗症 / 085

第八章
做好上级交办的事情

与上级交往时不能拍马屁 / 088

上级交办的事情要接受 / 090

难以领命的事情不能做，也不能说 / 092

研究实际情况，有问题提出来试试看 / 093

有问题请上级拿主意 / 095

察言观色，心中有数 / 097

第九章

下属工作做不好，上级有责任

- 指派工作是考验上级的能力 / 100
- 适当分派工作，还要跟踪指导 / 101
- 老板和员工要好聚好散 / 103
- 下属工作做不好，是『不能』还是『不为』？ / 106
- 『不为』的原因 / 107
- 安抚好能干、要大牌的下属 / 108

第十章

正确处理下属的越级报告

- 越级报告为非常态，不是常态 / 111
- 处理越级报告的是与非 / 113
- 认真倾听，但不必亲自处理 / 115
- 静观其变，无为而治 / 116
- 认真与下属沟通 / 118
- 各居其位，各自修炼，各安其所 / 120

第十一章

上级越级指示下属要回应

- 上下够不着，中间最难受 / 123
- 不抗议，不询问 / 124
- 教训与宽容并举 / 126
- 做事要留有余地 / 128
- 承接越级指示要慎重 / 130
- 对平行同事的越位指示要留心 / 132

第十二章

向上级报告应择时机

- 尊重领导 / 134
- 带着方案去请示 / 135
- 报告要分三段讲 / 137
- 发生分歧要调整 / 138
- 报告要择时、择机，点到为止 / 140

第十三章
少向下属做指示

少发脾气，少做指示 / 144

提出问题，让下属制订方案 / 146

集众人之智，让下属找最佳方案 / 148

把指示放在腹中 / 149

保持紧急时发号施令的权力 / 150

第十四章
善待平行同事

平行同事一般大 / 152

将心比心，互相体谅 / 153

同级之间要互相照顾 / 155

要保证跟你打交道不会吃亏 / 157

同事之间要彼此善待 / 159

竞争：你看有则有，你看无则无 / 161

第十五章
指派新任务要量才适用

企业要应对不断增加的新业务 / 163

让下级心甘情愿地接受新任务 / 165

用简化、合并、重组的方法调整原有工作 / 168

指派新任务要量才适用 / 170

指派新任务由主管控制 / 171

适当少派好差事给不接受指派者 / 172

第十六章
实施走动式管理，确保如期完成任务

制定时间表，保证如期完成任务 / 174

不要等到最后才发现任务完不成 / 175

要及早想办法解决进度问题 / 177

因人而异，一切都在控制之中 / 179

要有补救方案才妥当 / 182

绝不能降低质量 / 184

| 第十七章 |

如何处理下属的错误

预防为先 / 186

下属没有权力批评老板 / 188

派人实地检查下属的工作 / 189

指出下属错误要有策略 / 191

初犯不罚，再犯不赦 / 192

重在教育过程 / 194

管理干部重在做人，教育员工要诚心诚意 / 194

| 第十八章 |

做事合理的判断准则

人性喜欢合理，但合理与否很难讲 / 197

做事先定位，位置不同则道理不同 / 199

时也，命也：势可以造，时只能等 / 200

合理是『中』，不合理是『不中』 / 201

做事合理与否看看反应就知道 / 202

灵活运用合理的标准 / 204

下属没有权力批评老板 / 206

| 第十九章 |

人性管理的"六字要诀"

做事情、做学问都要『摸着石头过河』 / 209

做任何事都以『两难』为起点 / 210

身处『两难』要会『兼顾』 / 211

无法『兼顾』，就求『合理』 / 213

遇事三思而后行 / 214

第三条路也许是最好的解决方案 / 217

| 第二十章 |

实施人性管理的目的

中国文化理应作为企业的主流文化 / 229

人性管理适用于各种管理模式 / 227

尊重员工的尊严 / 226

管理也要『与时俱进』 / 225

大家协同合作，组织才有力量 / 223

让大家乐于工作，发挥潜力 / 222

想赢得竞争就要降低成本 / 220

| 第二十一章 |

实施人性管理的方法

不要讲"人力资源管理" / 232

不要存心去管人 / 233

不要忽略人的情绪 / 234

不要讨论人性的善恶，人具有可塑性 / 235

不要开口闭口就讲法 / 236

有成绩时要感谢上司给你机会 / 238

| 附录 |

曾仕强教授做客《名家论坛》对话"人性管理" / 241

第一章 洞察人性管理的奥秘

人性管理是中国式管理的重要组成部分，甚至可以说是核心部分。那么，什么是中国式管理？

所谓"中国式管理"，说到底，就是中国的管理哲学，即以人为本的人性管理。

科学是没有国界的，因而从管理科学的角度来看，无所谓中国式管理，当然也就无所谓美国式管理、日本式管理。而管理哲学则不同，因为各地有不同的风土人情，管理必须与当地的风土人情结合在一起才能有更好的效果。从管理哲学的角度来考虑，中国式管理符合中国国情，因此，谁也不会否定中国式管理哲学的有效性。想要研究中国式管理，必须先弄清楚二者之间的关系。

中国式管理即人性管理

什么是中国式管理

中国式管理的核心就是中国的管理哲学,即以人为本的人性管理。概括地说,将中国的管理哲学妥善运用到现代管理科学和企业管理实践中,就是中国式管理。

人们对"中"这个字一直都有不同的理解,有说"它是地球的中心",或者是"不偏不倚",其实不然。我认为,"中"就是合理。什么叫作"中庸之道"?就是合理化主义。所谓"管理",就是你管得合理,对方就接受;你管得不合理,不管你是谁,也不管你用什么方法,都没有用。

就管理而言,每个时代都有其主流的学派:19世纪英国式管理绝对是主流,20世纪学美国式管理一点错也没有,而21世纪中国式管理或许会成为世界的主流。

为什么要了解中国式管理

中国式管理能够帮助我们更深刻地了解自己,也能让外国人更好地认识并融入中国。

现在国内有一种奇怪的现象——我们并不了解自己。以前的中国人只了解自己，不了解世界，所以很吃亏；现在的中国人，了解世界，却不了解自己，所以也吃亏。

古往今来，中国人一直遵循着中国式管理哲学行事。现如今很多人都在按照中国式管理的方式去做事，但很少有人能够系统地阐释出中国式管理到底是什么，因为感觉它不成系统，说不出个所以然来。

管理不仅是工具，也不仅是方法，还是文化。中国文化源于《易经》、太极思想，阴阳变化在中国人的头脑中根深蒂固，也渗透在管理哲学中。

每个国家都有一些适合自己的管理方式。对中国人来说，了解中国式管理能够帮助中国的管理者了解本土化的管理文化及模式、了解人性，知其然更知其所以然，能更轻松地将中国式管理哲学运用到管理实践中。

同样地，现在全世界的人都在探讨中国式管理，因为如果不了解中国，就无法进军中国市场，中国式管理能让外国人了解中国人，理解中国企业文化，从而有助于推动中外的经济贸易合作。

管理的原则：以人为本

要了解中国式管理，必须先了解中国人；要了解中国人，就一定要记住四个字：以人为本。

何谓以人为本？

在中国的传统思想中，一个人活着，只要修养好自己的心性且不伤害他人，这个人就有价值。这就是中国古代推崇的以人为本的价值观。现在有很多人盲目地接受西方的观念，不再以道德为标准衡量人，而是"一切向钱看"，致使整个社会的价值标准发生了扭曲：赚了钱就了不起，人就有价值；没赚到钱就是没用，人就没有价值。这种衡量标准和认识是完全不对的。

有的领导总是抱怨自己的员工不好："就是他们妨碍了公司的发展。"老实讲，员工是你请来的，他不好，你不要他就可以了，但是你为什么请他来却又说他不好呢？

员工不好，往往是领导带坏的。所以，当有人跟我讲员工不行时，我就会问他："那你为什么要把他招进来？当初是经过甄选，你认可他才让他进来的。他本来很行，跟了你变得不行了，那是谁的错？是你的错，是你把人家带得不行了。为什么这个人跟着你就不行，跟着另外一个人就行呢？"

那么，领导应该怎样带人、怎样管理人呢？

其实很简单，就是一句话：不要管他，要理他。

有人会说："那怎么行？"实际上，管与理不同，管是管，管是管束，人天生不喜欢被管；理是理，理是尊重，人都喜欢被尊重。"敬人者，人恒敬之"，从人性出发，以人为本，把"管"做到"理"，你就成功了。

一切皆变，唯有人性不变

人性的特点

谈管理是需要一定背景的，管理不是要管人，而是要管事、管物，管人以外的资源。所以，把人纳入管理的范畴，就相当于把人当成了物。在西方的人力资源观念中，人被当作人力资源去利用、去处理，视人犹物，严重地违背了人性。人性的特点有两个：第一要创造，第二要自主——不接受他人的摆布。

要了解一个人，必须看他讲的话，一个人讲什么话，通常能代表他心里在想什么，这叫作"言为心声"。"不要你管""你干吗管我""你凭什么管我"，这是我们常常讲的话。还有更有趣的："凭他那副德行也想管我？"即便有的时候嘴上不这样说，心里却在这样想。

管理与德行有什么关系吗？

全世界大概只有中国的管理与德行是有关系的，"凭他那副德行也想管我？"其言外之意就是，你首先要管好自己才能管我！中国人十分重视德行，认为只有品德优秀的人才有资格管理他人。

我一直在研究中国人，还没有听到哪一个中国人说："赶快来管我，赶快来管我。"所以，从根本上追究，人性对管理有一种先天的排斥。

人不喜欢被管

☯ 中国人的"是"与"非"

中国人的头脑里有《易经》，有太极思想。太极图代表"圆满"，圆是一个整体，在同一整体内产生"是""非"两种相异的现象。我们说"要"，含有"不要"的成分，是"彼亦一是非，此亦一是非"。

"你明天要去开会吗？"被问的人先要看看旁边有没有其他的人，如果有其他人，他一定讲"不一定"，因为他怕得罪人。还有另一种情形："你明天要去吗？""我去。"结果他却没有去。这也是常有的事。

讲"是"，含有"否"的成分；讲"否"，含有"是"的成分。中国人就是这样，阴中有阳，阳中有阴。

中国人跟外国人谈判、讨价还价，外国人盘算完说："不行，这样我会亏本。"他这是在拒绝，心口一致。中国人会推算一番："不可能啊，这样我会亏本啊！"然后又好像很大方，"卖给你算了，统统卖给你了。"

如果不了解中国人的人性，怎么跟中国人打交道呢？管理也是这样，领导者怎么可以不管员工呢？但是你应该讲不管，你说"不管"，他就会让你管；说"我要管你"，他就不让你管了。

新官上任，先要说保持人事稳定，结果不到三个月就把所有与自己理念不合的人都换掉了。这样，既没有造成人人自危的混乱，又让自己安心。如果一上任就说"我要换人"，他就必须应对各种状况，直到自己不堪重负。

☯ 如何管中国人

大家都不喜欢被管，但是作为领导，管还是必须要做的。那么，应该怎么去管？

我的答案是："不管。"

为什么我要讲"不管"？因为领导不可能完全不管，员工不让领导管，领导会管得少一点儿，这还比较合理；如果员工让领导管，领导就会一直管下去，管到最后领导"完"了——因为中国人不喜欢被管。

中国人的"不受管"，含有"受管"的成分，关键在于"需要"——需要时要你管，不需要时又不要你管，这才是中国人不受管的真相。工作做得顺利时，员工最讨厌别人管；一旦遭遇困难，特别是走投无路的时候，员工则会叫嚷着："为什么你不管我？"

贤明的领导，应该在这种时候再来管——在员工需要时管。

☯ 人喜欢理，喜欢被看得起

也许会有人问："如果我是员工，领导总不管我，那是不是很危险啊？"当然不是。我们不是怕领导不管，而是怕领导不理。我们经常听到有员工说："你干吗不理我？""你凭什么管我？"说明"管"和"理"这两个字的含义是不一样的——当慢慢把"管"做到"理"，你就成功了，因为理的层次比管的层次高得多。

理，就是看得起：你看得起他，他就看得起你；你看不起他，他照样也看不起你，不管你是谁。中国人看人，完全是看对方对自己怎么样：你对我笑，我没有理由不对你笑；你对我板脸，我的脸也不会比你的好看。

西方人讨论X理论、Y理论，讨论得不亦乐乎，中国人不是这样。在他们看来，X理论相当于性恶论，Y理论相当于性善论。其实，人既没有那么好，也没有那么坏；人性不善，也不恶，而是可善可恶。

这样一来，大家就能理解如下情形：员工说对了，中国的老板打你三十大板；说错了，照样打三十大板。什么时候把这个情况搞懂，才算是真正了解中国人的管理哲学。中国人是变动的，想法是不固定的，有时候你对、对、对，就变成了错；有时候你错、错、错，就变成了对。因为阴会变成阳，阳也会变成阴。

我有一次问一位老板："那个人讲错话，你骂他我能理解，因为他讲错了；另外一个人讲得对，你干吗骂他？"

老板说："因为他让我没有面子。他讲得越对，我越没有面子，我不骂他还得了？""他错，我是骂他错；他对，我是骂他搞得我没有面子，再对也没有用！"

这就是老板骂下属的道理。下属讲得虽然对，却是在不对的时间、不对的地点讲的，所以他还是错的。

因此，要把"管"做到"理"，先要清楚中国人人性的特点。就像上面的例子一样，不仅说的话本身要对，而且要在合适的地方、合适的场合讲。你说的话让老板有面子，他就会承认你对；你说得他没有面子，再对也是错。

作为中国人的领导，最基本的训练就是要看得起所有的人。老板看得起干部，就带得动他；干部看得起员工，就带得起他。

一个会当老板的人，在下属面前赞美干部，然后马上又把干部叫到办公室里面训斥，为的是"平衡"。老板有自己的一套道理：老板一旦赞美干部，他就会以为自己真的很行，就容易在阴沟里翻船；但是下属如果总得不到赞美，就会有挫败感，这样也是不可取的。因此，要根据实际情况及时调整管理方向，把握好阴阳变换。

我们做人也是如此，有时候很守规矩，有时候并不守规矩；有时候讲话很有信用，有时候讲话却没有信用。一切都是摇摆不定的。作为领导要准确找到这个"跷跷板"的平衡点，并要随时随地都能找到平衡点。

人性管理：管事+理人

☯ 有人才有事，事在人为

事情都是通过人来完成的，所以，人性管理的重点在于人，只要把人理好了，事情自然就做好了。如果存心不管，这个领导就是不负责任的领导；如果存心要管，简单粗暴地就开始"整人"，这也是行不通的。作为管理者，既不能"不管"，又不能"不理"。管理的关键是尊重人性，多管事，少管人；多理人，少管人。

一个好的领导应该如图1-1所示：如果你事情做得好，我为什么要管你？你不需要管；你做得不好，我也不会管你，但是我会提示你，提示不通再提示，实在不通，我才会训斥你。这才是中国人的处世之道。

图1-1　人性管理的最佳方式

中国人对不同的人采取不同的措施，但是嘴巴上一定要讲一视同仁。有人会问："这不是相当于心口不一吗？不是说一套、做一套吗？"当然不是，所谓因人而异、因材施教当如是。

把"管"做到"理",成功可待

《论语》有云:"君子务本,本立而道生",意思是君子做人讲求先确立基础的东西,基础的东西确定了,才会有道的存在,这个道是我们为人处世的准则。

管理也是如此,同样的措施、话语对于不同的人而言,含义不尽相同,立足于"以人为本"的管理原则,适时调整策略才能取得更好的"理"的效果。我会跟不同的人讲"随便"。"随便"就是我所提倡的管理之"本"(并非唯一的"本")。只是,对于不同的人来说,他们需要确定的"本"并不相同。对于有的人来说,"随便"是我真的让他"比较随便";对有的人来说,"随便"就是"你不能随便";而对另一些人来说,"随便"就是"随便得差不多就可以了"。

所以,怎样了解中国人?最好的方法就是在中国人讲话时学会听,学会转折。

我建议,学过西方管理学的人士,应该平心静气地学学中国式管理,必能百尺竿头更进一步,将现代化管理运用得有声有色;即便不谈西方管理科学,只研究中国管理哲学,也必然能对掌握未来、安身立命有很大的助益。21世纪是中国管理哲学与西方管理科学相结合并发扬壮大的时代,对于管理人来说,两者缺一都将寸步难行。

第二章 人性管理的重要原则：外圆内方

中国式管理的核心内容是人性管理。人性管理中一个非常重要的原则是只"理"不"管"。管与理是两个不同的概念，更是两个不同的层次。

中国人注重脸面这一点是管理者始终要把握好的原则，要理人管事，事情要做得圆通，而不是圆滑。"外圆内方"对做人、做事、做管理都有重要的启示。

理：看得起，有面子

☯ 什么叫作"只理不管"

管理，一个是管，一个是理，两者层次不同。相比较而言，会管的人经验不够，方法不足；会理的人行事老到，比较有内涵。管理者要理，但不要管；可以管事，不可以管人，要做到人性管理的最高境界：只"理"不"管"。通俗地解释，"理"就是看得起，让人有面子。管理者要看得起下属，让下属有面子。

因为中国人的文化是天大、地大，人也大，怎么能管呢？你管他，他嘴巴上说"好""是"，但他心里就是不服。在他看来，你管他，就表示你比他大，他要听你的，如此一来，他就很没面子。

所以，得人心者昌。管理者不要让他人心里不愉快——一个人心里面不愉快，就会觉得没有面子。

在欧美各国，面子就是脸，脸就是面子，二者都是face，没有差别。在中国，面子和脸的关系比较复杂。很多时候，脸是脸，面子是面子；但也有时候，二者含义相近，比如不要脸和不要面子。一个中国人要是不要脸了，那就糟糕了——不要脸就是不讲理；不要面子，就更糟糕。在不少中国人看来，要面子要到不要脸的地步是无可厚非的，这是要面子要到了极致。

人一定要讲理，不讲理就是不要脸，不要脸的人，我们就不能用"只理不管"的方法来对待他了。

☯ 面子是情，脸是理

中国人爱面子，从好的方面解释，这是重视荣誉的表现，没什么不好。管理上的若干措施之所以能收到相当的效果，关键在于使人获得了荣誉感。

从坏的方面解释，爱面子则是爱慕虚荣的表现，严重时，往往导致"爱面子爱到不要脸的地步"，那就本末倒置了。换句话说，爱面子最好爱到不丢脸的程度，才算合情合理。

如果我们面对的是要面子、值得给面子的人，就会给他们面子，这样做的目的是告诉他们：你好好干，这样我们理你，大家都有面子；你不好好干，我们就翻脸了，谁都没面子。

要理人管事

☯ 掌握好管理的尺度

有人问我：管理者该如何掌握管理的尺度？怎么能做到既要理他又要不管他呢？

这个问题问得很好。人可以翻脸，但不能翻脸太快。如果一个人翻脸像翻书一样，那所有人都不会理他。

问询者："你刚才挨老板骂了？"

年轻人："是。"

问询者："他骂你什么了？"

年轻人："我不知道。"

问话的人觉得很奇怪："他骂你那么久，你都不知道他骂你什么？"

年轻人很无奈："我就看到他的嘴巴一直一张一合的，我什么都没听，管他呢。"

骂人是最没有用的，骂人是伤害自己的事情，对己对人一点好处都没有。一个会翻脸的人不大会骂人，他只用脸色来表明态度就足够了。在翻脸前要先给出提示，提示几次都不行再翻脸。提示过对方后，你翻脸的时候，他也不会怨你。所以，会带人的人，基本上是用脸色来暗示对方，而不会用言语去骂对方。以上的沟通过程就是人性管理的"两手"策略，这一策略被广泛运用于实际的管理工作中，流程如图2-1所示。

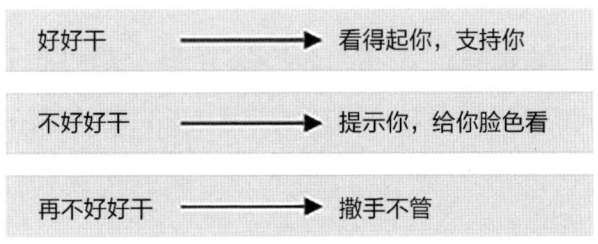

图2-1 人性管理的"两手"策略

所以，在中国我们要走中国式的管理道路，否则就会吃亏。与西方人讲道理，只要你讲得出来，他听进去了，道理就成立了；但是你跟有些中国人是讲不通道理的，他们绝对不会接受你的道理。为什么？因为你讲得越有道理，他们越没有面子，就越不能接受。

了解人性，合情合理

今天的西方管理学说很难完全适合中国国情，因为它是针对脑筋很直的西方人的，而中国人的脑筋是很会拐弯的。

西方人看到"此路不通"的告示回头便走。有些中国人看到"此路不通"的告示，脑筋马上拐弯：告示是前几天贴的，今天说不定路已经通了，去试试看。

为什么有时候在中国宣布注意事项没有人听、贴布告没有人看？因为很多人的脑筋会拐弯——就是不相信。多数中国人是站在不相信的立场上来相信的，西方人则是站在相信的立场上不相信的。二者思考的逻辑是相反的。

这里蕴含着一个不可忽视的道理：使一个中国人没有面子，吃亏的不是对方，而是你自己。

同中国人讲道理，理要会拐弯，对方才听得进去。

在中国，有些北方人讲话比较直，不会拐弯，所以他们就吃亏；在管理上道理是一样的。很多中国人都喜欢说："照直说，不要绕来绕去的。"但当你真的照直说了，有人就会跳起来指责："你怎么可以这样讲？"实际上很多人受不了直截了当的说话方式，但是又"很喜欢"听直言，这是由中国人矛盾的性格决定的。

做事要圆通

老板跟员工说了一件事,员工可能不相信,但是表面上会说"相信";老板给员工讲道理,员工认为没理,但是表面上会说"有理"。面对这样的情况怎么办呢?

我的经验是:做事要圆通一点,你不要说话,统统让对方说。

有个老板问我:"我们公司要不要打卡?"我不会那么笨地告诉他"要"或者"不要",因为如果我讲"要",他一定要讲很多反对的理由;我讲"不要",他也会讲很多反对的理由。所以我说:"你看呢?"然后会提醒他:"你觉得打卡有效,我们就打卡;你觉得无效,我们就不打了。"虽然我讲了自己的意见,但是其实跟没有讲一样。

他听懂了:"我知道了。"

我问他:"你知道什么?"

他说:"我要看看他们接受不接受这一套啊。"

本来是老板要我讲的话,最后他自己统统讲出来了。

也许有人会问:既然是他自己想到的,为什么还请你当顾问呢?

因为他需要的是启发,而不是教导。中国人是十分信赖启发式的沟通方式或教育方式的,当一个人犹豫不定的时候,你不能替他做决定,而要去启发他,引导他说出自己的观点,自己做决定,这样的结果才会让他满意。

圆通不是圆滑

我充分理老板们,从来没有管过他们,但他们很服我。我一管,他们就会有种感觉:哎,我们不如你啊?我们不如你,就要把你"干掉"。如此一来,我就倒霉了。

很多人会认为我这样做很圆滑,那又大错特错了。中国人最讨厌的就是圆滑、奸诈、不诚实,我们说的是圆通,与圆滑有着根本性的区别。

圆通与圆滑有什么区别?相信有80%的人都不清楚。圆通与圆滑从表面上看完全一样,都表现为推、拖、拉。在我看来,推、拖、拉是最好的管理方式。中国人讲脸面,要脸面得合情合理;事情要做,而且要做得圆通,但圆通不是圆滑。

圆通是皆大欢喜,圆滑则使人厌恶。圆通是顾全大局,充分尊重各方的立场,利己又利他;圆滑则是纯粹的利己主义,四面讨好、八面玲珑。运用推、拖、拉的方法到最后没有解决问题的,就是圆滑;到最后解决了问题的,就是圆通。用推、拖、拉来解决问题的,就是圆通;用推、拖、拉来推卸责任的,就是圆滑。

☯ 一味求快,"死"得更快

推、拖、拉是一种有效的管理方法。那么,怎么用这种管理方法来解决实际问题呢?

老板有个重要的工作要给甲做，但如果直接交给甲，就是在害他，因为别人会不高兴。乙的资历比甲高，老板却当着大家的面把重要工作给甲做，乙就完全没有面子了，乙不敢怨恨老板，就会想办法打击做事的人，让甲做不成事。

老板要安排工作给甲，但是要顾及乙的面子，就会先将工作安排给乙。乙一定先推辞："我忙不过来。"

老板："是啊，我也知道你忙不过来，但这个工作不交给你，我不放心。"

乙："那怎么办呢？"

老板："那能不能给甲做？"

就这样，老板让乙将工作交给甲去做，乙有面子，他们会合作得很愉快，也达到了老板的目的。

有人会觉得这样做反而把事情搞复杂了，其实不然，迂回的处理方式看似复杂，实则消解了所有的隐患。直接交付工作虽然看似效率高，但后患无穷。有些事情不能只讲求速度，一味求快反而会"死"得更快。

☯ 人人都要学会推、拖、拉

如果一件事情要交给甲做，可是比他资历深的人有很多，老板要一个一个都去关照吗？

当然不要。其实与一件事情直接相关的"链条"上就只有几个人，而这些人又往往都在同一个部门。如果老板没有看到这一群人而只看到了甲一个人，其他人就会心生不满。

另外，作为下属来说，学会推、拖、拉也很重要，能够更准确地领会老板的意图。

如果下属没有领会老板的意思，直接接受了工作安排，结果就麻烦了。老板会觉得奇怪："他有这个能力吗？答应得可真快啊！"然后老板会想办法逼下属，直到他吃不消，将工作"吐"出来为止。这叫作自找麻烦。下属要养成习惯，善用推、拖、拉的方法，别人给的东西先说"不要"，从而看清楚他是不是真的要给你。

事实上，我们提倡推、拖、拉，有以下几点好处。

第一，推、拖、拉是给自己观察局势的时间。我们可以利用这段时间来充分思考，连思考的时间都没有是很容易做出错误判断的。审时度势，"谋定而后动"，才是正确的做法。

第二，推、拖、拉是要将事情推给最合适的人。我们总是把事情推给别人是错的，总推给自己也是错的。推给别人叫作礼让为先；推来推去，推给自己叫作当仁不让。如果你根本不推，自己直接拿来做，所有人都会看着你、盯着你，事情很难做得好。

第三，推、拖、拉最省力，可以缓解气氛，"以让代争"。推、拖、拉看起来像是让，实际上也是一种争，只不过在形式上斯文一些、缓和一些。对容易情绪化的人来说，推、拖、拉是一种保平安的做法。

经过推、拖、拉这么一个简短的试探过程，工作不会因此受阻，反而会更顺利。

怎样推、拖、拉

怎样推、拖、拉才能既将事情做好，又不会让人产生"存心耽误事"的嫌疑？

很重要的一点是：凡是老板交代你做事情，都要先推一下试试看，看他是真的让你做，还是只是尊重你。

有时候，第一次推、拖、拉的结果不一定是真的，但也绝不是假的，第二次还不见得是真的，但第三次一定是真的。所以，经过推、拖、拉的一系列试探，你马上就知道事情的真假了。

我们要好心好意，要将事情推给最合适的人，要推到大家都有面子，推到自己将来好做事，而且能够把事情做到皆大欢喜的程度。这一过程就是圆通。存心用推、拖、拉来嫁祸别人，存心用推、拖、拉来浪费时间，存心用推、拖、拉来推卸责任，这叫作圆滑。

中国人很重视做事的动机，西方人则完全没有什么"动机论"。"运用之妙，存乎一心"，我们必须谨慎地、用心地用推、拖、拉的方式化解问题、解决问题。

外圆内方真君子

圆通和圆滑还存在一个重要的区别：是否真正具备做事的原则。

很多英国人跟我说："你们中国人没有原则，你们都是个案处理。"但是，我问中国人："你有没有原则？"他会说："除了有原则以外，我还有什么？"

看自己非常有原则，看别人则毫无原则可言，这就是双重标准。

其实，中国人做事都有原则：外圆内方。我们要学的是外圆，而不是内方；需要调整的只是外面这个圆，要更圆一点儿，才能尽可能多地消除摩擦。

如果一个人里面方、外面也方，就会常常与他人格格不入；一个人里面圆、外面也圆，就会完全没有原则，会被别人看不起。做事毫无原则的，就是圆滑；始终坚持外圆内方的，就是圆通。

我们看不起没有原则的人，但是更看不起刚愎自用的人——为何他不能更圆通一点儿呢？

一个真正了解中国人的人，会跟大家相处得非常好，而且没有事情办得不顺利。

第三章 外圆内方的要义

外圆内方是中国人非常注重的处世原则,我们把这一原则引入管理学领域,也同样是适用的。那么,该如何在管理学当中应用外圆内方原则?

"方"：方针、准则

☯ 做人要有原则

企业一定要有企业文化，否则员工就没有共识。在管理中，"方"就是企业文化。

对领导来讲，"方"就是几个基本不能改变的原则。领导一定要有一套原则，没有规矩不成方圆。

孔子说"三十而立"，我的理解是：一个人不到三十岁不要有原则，因为你的原则很多是错误的、不确定的。人需要去磨炼、去尝试、去试错。三十岁时定下的原则，经过十年的实践，觉得很有把握了，从此就不改变了，从而做到"四十不惑"。

所以，一个人不能太早就确定原则，但是也不能太晚还没有原则，这是非常重要的事情。

什么是原则？就是为人处世的一些方针、准则，是心中恒定不变的东西，是不能轻易改变的。

社会要有主流文化，要有公约，这些公约就好比在美国人们用刀叉吃饭，在中国人们用筷子吃饭一样，没有好坏，没有对错，只是各取所需。

民族性没有好坏，它是不同的民族为适应其所在的生态环境所形成的一种生活方式。原则没有好坏，既不必学也不必改——要各取所需。我们应该在不同地方、不同条件下，采取不同的原则和方法，因地制宜、因时制宜。

每个人都要有自己的原则，并要为自己的行为和原则所带来的结果负责，因此，要特别谨慎地确立并坚持自己为人处世的原则。

做人还要留有余地

我们不可能外方内圆，因为如果这样，"圆"就没有功效了，而且"方"也被人家看出来了。孔子讲"君子可欺以其方"，为什么这些君子老是吃亏、老是上当？就是因为君子太方正了，很容易被人利用。年轻人也一样，总觉得自己很有正义感，结果常常被利用。

一个人有什么原则，最好不要让别人一眼看穿，最好有所保留，这也是中国人跟西方人不同的地方。西方人是我了解你，你了解我；中国人则是我了解你，但是我有些地方不让你了解，这样我才不会被你完全控制。特别是在领导和下属相处之时，领导如果被下属完全了解，就可能会被架空，进而失去控制力。

所以，做领导的人，一定要有几分保留，员工也要有几分保留。作为员工，如果不能完全了解你的领导，那将对自己非常不利；即便是完全了解对方，也不要表现出来，要装作不知道。

历史上最了解唐明皇的人就是高力士。高力士把唐明皇服侍得服服帖帖，但唐明皇并不喜欢。有一天，唐明皇对高力士讲："我所有的事情你都知道，所有的事情都是你安排的，我什么都听你的，我还算皇帝吗？"

举这个例子是想说明，老板不喜欢完全了解他的下属。但是，老板更不喜欢完全不了解他的下属。中庸之道讲的就是这个道理。你不了解领导，他跟你距离很远，工作起来两个人就没有默契；你完全了解领导，他又会怕你，因为他怕最后会被你完全控制。

因此，我们要学会"外圆内方"。把"方"放在我们的肚子里面，自己清楚，外面所表现出来的则是"圆"。一个中国人如果表现得"什么都好、无所谓""这样也可以，那样也可以"，那是他的圆，不是他的"真实"。

"圆"：变通、有涵养

我曾经接触过很多非常成功的人，他们都是些圆通、含蓄、有涵养的人。

我们跟某位先生一起吃饭，其实他是吃纯素的，可是吃了一顿饭下来，没有人知道他吃纯素——他照样动筷子，照样夹东西，但一口都没吃。可是，几乎没有人发现。

坐在他旁边的我发现了，就问他："你吃素吗？"他说："其实也没有什么。"我马上偷偷地叫厨房给他准备素面。他一再对我说："你太客气了，用不着，我照样吃得很饱。"

这样做的结果是大家都非常有面子，这就是"圆通"。这位先生懂得经营自己与大家的关系：吃素是个人的事情，任何人都没有理由去强制别人配合自己。

有人问：如果他不说，碰到的主人又不像你这么细心，他不是很吃亏，不是会吃不饱吗？

其实吃一次亏又有什么呢？因为通常来说，主人知道这件事后会很内疚，会给他补偿的。假如这次主人没有发觉，一段时间后他听别人说起，主人会觉得亏欠了客人，会想办法去弥补，客人就会得到更多。

中国人是这样的：会礼让的人永远是占便宜的，爱争的人争得的永远是一个很小很小的东西。这个原则同样非常适用于员工和老板、员工和员工之间。

员工中太爱争的，有了职位空缺老板也不会考虑他。聪明的人不会自己去争取，他会鼓动别人去争取："你熬了那么久，这个岗位当然是你的。"中国人从小就懂这一道理。

一个人有原则要坚持，但是千万记住，这个原则要经过考验、经过实践，不是随随便便确定的。

如果一个人总是不把自己的原则显露出来，会不会被别人认为这个人有点投机取巧，或者被人批评为没有原则呢？作为中国人要有心理准备，不管你行得多正，背后都有人批评，所以不要太在乎。大家都说你好，你不一定好；大家都说你坏，你一定坏。可以让坏人说我们坏，但一定要让好人说我们好。如果好人、坏人都说我们好，那我们就会成为完全没有原则的人。

方形是"经",圆形是"权"

外圆内方有一个尺度问题,就是内在的"方"和外在的"圆"如何结合的问题——既要坚守原则,又要善于变通。那么,在什么时候坚守原则,又在什么时候变通呢?

这是掌握外圆内方原则真正需要解决的关键问题。圆与方的关系有三种情况,具体如图3-1所示。一种是二者之间距离很大;另一种是距离很小;最后一种,圆形偏到了方形旁边,这种状态就是毫无原则,因为虽然有原则,但是没有和行事方式交汇的可能。用一个成语来形容,就是"离经叛道"。

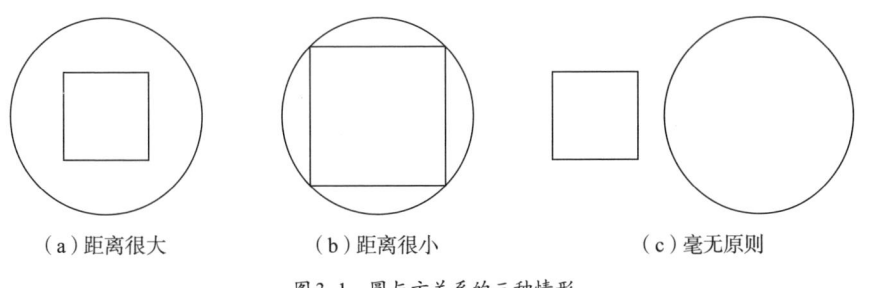

(a)距离很大　　(b)距离很小　　(c)毫无原则

图3-1　圆与方关系的三种情形

这个成语形容得很恰当,方形是"经",就是常规、原则的意思;圆形是"权",就是权变、变通的意思;中国人为人处世有经、有权,有所变、有所不变。

有所变，有所不变

在管理中，遇到的最大困难是如何将理论与实践相结合，如何用理论指导管理实践，如何把握变与不变的尺度。

现今，受西方影响的中国企业界都强调：变是唯一的出路，不变就要死亡。对此，我心存疑虑。

中华民族是最懂得变的民族，但是要提醒各位：根据过往经验，这世间有80%的变是错误的，是极其危险的。人生不如意事十有八九，我们不可能不变，但是一变往往就会出问题。一些显而易见的变化规律：人越变越老，事情越变越糟，东西越放越坏……通通没有例外。所以，人做的事情，就是要让本来要变坏的东西不要变坏，让它往好的方向上去变，这是人力所能及的。

这正是我们要逆其道而行之的原因，不能顺，但也不能不顺。看似永远摇摆不定，实际上其中蕴含着很深奥的道理。

什么叫作听其自然？什么叫作顺其自然？什么叫作变？什么叫作不变？这是很大的学问。

《易经》所讲的变化道理，西方人到现在都搞不懂。西方人提出了"权变理论"，但这一理论很多时候都没有发挥出应有的作用。

很多搞企业、搞管理的人在看过"权变理论"后将其奉为经典。经营企业的人总是在说"只要创新就行了""不创新就是死路一条",这种说法太过绝对。

例如,一条领带,它能怎么变呢?变宽,像肚兜一样?不像话;变窄,像绳子一样?也不像话;变短,太短就看不见了;变长,太长就扎进裤子里去了……所以,领带只能在花色、材料上寻求变化,不可能有翻天覆地的变化。这世上很多事情,其实可以改变的空间是非常小的。

循则而变

☯ 持经达变

现在常常有人讲要"创新",是推翻一切重塑的创新,那都是"鬼话连篇"。我们一定要读读老子的书,老子的道理是:不可不变,不可乱变。"变的结果,有80%是不好的,只有20%堪称变得良好",因此,要在20%里面变化,千万不能在80%里面变化。

学习西方的管理理论当然很重要,但是西方人的智慧是有极限的。我们应该立足于中国国情,站在不变的立场上来变,千万不能站在变的立场上来不变。我们要以不变应万变,也就是"持经达变"。

以电梯为例,电梯的按钮应该装在电梯里面,这叫作"经",是不变的原则。我们进入电梯后通常不会面向里面,一进电梯就会转过身来,因此按钮一般在正面。如果电梯按钮在侧面,进入电梯后大部分人可能会找不到按钮。当然,电梯按钮也可以同时安装在正面和侧面。守住不变的"经"——按钮的位置,但可以在按钮的材质、形状等方面进行创新。

我可以举出很多产业界乱变的例子,而乱变的产品迟早是会被淘汰的。所以,"持经达变"四个字一定要牢牢地记在脑海里面,那是中国人最了不起的经营智慧。如果不懂得持经达变,很难做好管理。

☯ 随需而变

"持经达变"是变化要遵循的一个原则。那么，对于一个执掌企业的人来说（做人也是一样），怎么去把握变与不变的尺度呢？答案是"随需而变"。

第一，不能为了变而变。

首先需要确认的是不变好不好。不变好，就不要变；不变不好，再来想怎么变。

有的人认为，如果不变，可能会有人说自己没有做事情。不要管他。不能为了标榜自己而牺牲公司的利益，因为这只是为了表明自己做事了才变。"天下本无事，庸人自扰之"，一条鱼放在锅里煎，该翻的时候再翻，不能着急。翻来翻去，翻得鱼都烂掉了，有什么意义？老子讲得最清楚："治大国若烹小鲜。"本来没有什么事，就是老板一会儿这样，一会儿那样，才让大家无所适从。

正所谓"无为而治"。但是，无为要以无不为作为基础，无为不是什么都不做。

第二，把握好"时"与"位"。

有一些东西是不能变的，这是"经"，是80%不可变的部分。还有20%要变的部分，应该怎么去变？根据什么去变呢？

变要依据两个标准：一个是"时"，一个是"位"，西方人称为时间和空间。"时""位"一变，人就要变；"时""位"不变，人就不能变。

就一家公司而言，法令规章没有变，员工、干部没有变，产品没有变，但只要换一个人——总经理，公司就会开始变。尽管按照新任总经理的话讲，什么都不变，萧规曹随；但实际上三个月就会发生变化了。而西方人是不会这样做的。

但这种改变的程度也是要依据一定的条件：如果新任总经理的声望高，也许随时就变；他的声望不够，就会想变也变不了。但是不管这个人是谁，他在变的时候，都要进行判断，根据一些条件，比如说人的变化、时间的变化等，来制定自己改变的策略。

合理变通

☯ 依理应变

从时间的观点来看，"法"是过去产生的，是基于过去的经验、设想而定立的，往往时过境迁，执行起来窒碍难行；"情"是未来的伏笔，不可寄望过高；只有"理"才是现在的指标。

所以，我们应该依"理"来应变。因为"理"会变动，具有弹性，可以因时制宜，产生合理的效果，所以"随时应变"可以解释为"随着时间的变化而合理应变"，这是中国式管理的"权变"思想。

依理应变必须掌握如下这些要点。

第一，依理应变绝对不是一味求新、求变。

一心一意求新、求变，实际上是一种偏道思想。我们必须将变与不变结合起来，找到一条"不可不变，不可乱变"的合理应变途径。

第二，依理应变要以不变为根本的思考点。

"本立而道生"，只有站在不变的立场上思考变的可能，才能合理。能不变的部分不变，不能不变的部分再合理求变。苟非如此，只会产生乱变的恶果。

第三，理本身是变动的，所以，应变之时必须找出当前的理，而不是依照前例来处理。

依例行事，按照前例依样画葫芦，实际上是找不到此时此地的合理点，才不得不依赖前例以推卸自己的责任。一般人合理合法，宁愿一切依法行事，便是不喜欢动脑筋、怕负责任又不善于思考所呈现出的一种无奈。

☯ 依理就变，以人为本

在管理中，若凡事都以事为主，那就只好依法办理，但事一旦离开了人，便变得刻板，缺乏变化，这正是美国式管理应变能力较差而中国式管理具有变动性的主要原因，也是美国式管理法治大于人治而中国式管理人治大于法治的根本所在。以人为本，才有办法依理应变。

另外，内、外环境都在变，我们一方面要看到内部的环境，另一方面还要看到外部的环境。其中有如下四个方面是最要紧的。

第一，市场的变化是最要紧的。市场永远是模糊不清的，如果把市场看清楚了，那你做事就很容易。

第二，最可怕的是，你不知道什么时候后面的"追兵"要追上来。现有的竞争对手都不可怕，因为你都了解他们了，那个突然间冒出来的才厉害——看不见的敌人最可怕。

第三，不同的行业也会把你打垮。以前只是同业竞争，现在不同行业的竞争者也会把你打倒。

第四，要密切关注企业内部的情况，比如人的变动、材料的供需问题等。只要来料一断，企业生产就无法进行。所以，若平常跟人家杀价杀得狠了，市场一发生变化，你的来料第一个就会被断掉。所以做人做事留有余地，目光放长远一些，在危机来临时才有转圜的余地。

以上这些变化是管理者要注意的，这一切都靠"人"。所以，我们才会拿

"人"做"中",让人永远处在中间位置。以人为本是变化过程中不可忽视的因素。

整个市场都深受人性影响。当变到所有消费者的消费欲望被统统激发出来,出现过量生产、过量消费的时候,就会变成死路一条。消费者会觉得这个不好,那个不要。此时老板就会被自己的"创新"逼死。如果大家都慢一点,少一些变化,多一些不变,消费者往往就不会要求得更多。

第四章 做人、做事六原则

中国人有句话，叫作"无三不成理"，就是西方所讲的 ABC 重点管理。其实，东西方管理学讲得都一样，只是我们还没有完全搞通。在实际管理中，三个重点往往不够，所以我们归纳出六个，将这六个重点作为我们的原则。

做人、做事都要有基本原则，是我们必须坚守、不能动摇的。这些原则是守本分、守规矩、守时限、守承诺、重改善、重方法。

坚守了这些原则，如果你是员工，就是受干部欢迎的员工；如果你是干部，就是老板喜欢的干部；如果你是老板，就是受下属爱戴的老板。

守本分，做好本职工作

说得通俗一点，守本分就是搞清楚什么该做，什么不该做。

一个人很热心好不好？好！但也经常挨骂："他就是多管闲事！这么热心干吗？"可是一个人不热心又要挨骂："只顾自己，本位主义。"做人真的很难：去帮人忙就是多管闲事，不帮人忙就是不乐于助人。

那么，把本职工作做好了，其他什么都不管，对不对？不对，还是会被别人议论："只顾自己，对别人的事情漠不关心，不团结。"本职工作没有做好，就拼命去帮助别人，对不对？也不对。一个人只要该做的事情没有做好，就没有权利去帮助别人，否则就容易被人误解，不是认为他想讨好别人、想向别人邀功，就是认为他有不良企图。另外，自己的本职工作是否确定完成了，也需要有所判断。

所以，做自己的本职工作，你可以大胆地做，而帮助别人要很谨慎。这个度一定要把握好。

在企业中，没有人敢帮采购员买东西，如果真的帮了，所有人都会怀疑他："他是不是想拿回扣了？"

如果有人提议："我们公司去青岛旅游，好不好？"马上就有人赞成："很好，很好，我表姐在旅行社工作。"这时所有人都会怀疑他："他是不是又想捞一笔？"若我表姐是在旅行社工作的，我不会主动讲，大家找到我，我还要说："这种事情找别人，不要找我表姐。"如果大家坚持找她，我只好勉为其难叫她来做。这样，就不会有人怀疑我中饱私囊。

我们要避免陷入"瓜田李下"的境地。太热心的人总是会被怀疑是别有用心。此时就可以采取推、拖、拉的办法,推到大家都认为这样做没有问题时再去做。

守本分,在做好自己本职工作的基础上,有余力可以帮助其他同事,但要注意把握尺度。

任何事情,只要你做到人家没有话讲,你就成功了。

守规矩，按制度办事

中国人做人实实在在，做事规规矩矩，很少有不守规矩的事情出现。

守规矩是什么？就是一定要搞清楚所有的规章制度，并在规章制度内办事。我们现在很少这样讲，是因为不少公司的规章制度根本就不适用——没有从公司实际出发，都是东抄西抄的。

制度不可以照搬照抄，因为每家公司的状况不一样，直接照搬别人的，必然会出现水土不服的情况。

而且，很多做干部、做老板的人真的不明白，规章制度是用来执行的，要由员工自己定才有用，员工充分了解部门工作的性质，制定出的规章制度既符合工作实际，又是他们愿意遵守的。除此之外，谁来定都很难发挥出制度应有的效用。

我辅导的公司要制定规章制度，我都是把员工找来，让他们自己制定。生产部门要什么制度自己定，只要能生产出来，什么时间上班都可以。员工们自己就开始讨论，完全不用我出面。

所以，守规矩的第一条就是企业制定的制度是员工心甘情愿接受的，是他们愿意遵守的。

很多公司要求员工打卡，由此产生了相当多的问题：员工去客户那里修理机器，修理到一半就停下来，说要回去打卡。客户不高兴，员工说："我打卡要紧啊，机器可以明天再来修。"

现在，越来越多的公司取消了打卡的制度，因为打卡有太多的问题没办法解决。公司叫员工打卡，那很简单，8点上班，员工8点20分来了，把打卡表的时间调回去，打完再调回来，公司能把员工怎么样？管理中不要太相信那些死的东西，因为人是活的。

换句话说，人们愿意遵守的时候，这就是规矩；不愿意遵守的时候，这就不是规矩。

守时限，提前完成才有可能实现

☯ 中国人非常守时

很多人跟我讲："我的干部不守时，每次开会都迟到。"我如果跟他们讲真话，他们会受不了的："是因为你声望不够，人家不怕你，所以他根本就不拿你定的时间当一回事。"

谁不守时呢？中国人该守时的时候一分一秒不差，不该守时的时候，又有那么多的"规矩"，由此才出现不守时的情况，这体现了中国人的变动性。

另外，老板自己是不是守时也很重要。一般情况下，干部都会看老板是怎么做的。所以，老板自己要以身作则，要学会带人，把大家带到都很守时。

☯ 守时是一种良好的习惯

守时是一种良好的习惯，我们凡事都要守时，否则就是浪费大家的时间。什么叫作守时？守时就是提前完成。如果不提前完成，几乎做不到守时。

我在英国叫出租车，司机会一分不差地来按我的门铃，原因是他提前到了，他在外面守着。这才叫作守时。

我们这里则是这样的情况："哎，去机场要多久啊？""半个小时肯定到了。"

然后他迟到10分钟，一上车就跟你讲："时间有点紧张。"你看，他自己迟到还要"要挟"别人。

对付这种人，我有自己的办法：明明是10点的飞机，我会跟他讲9点半（我不跟他讲实在话）。他会在9点出发，急得要死，而我一点都不急。要是跟司机讲实在话，没给自己留有余地，就可能会"逼死"自己。

做事情的时候，要让别人守时，最简单的方法是：我们给甲一个限度，给乙另外一个限度，给自己留出处理意外情况的时间。

守承诺，一诺千金

不轻易承诺，一旦承诺，就一定要按承诺去做，这才是承诺。

"夫轻诺者必寡信"，领导交代工作后，马上回答"没问题"的人都不可靠。我当领导时，一个任务交代下去，如果对方马上讲："没有问题，很快可以做成。"我就不会相信他，会派人去跟进；我会比较相信那些说"给我两个小时，我琢磨琢磨再汇报"的人。

有人会问：在接受工作时，即使很有把握也不要轻率地答应吗？回答是肯定的，即使很有把握也不可以立即答应。

外国人对于重视的事一定要写出来才算数，讲的话绝对不算数——我们观念里的外国人就是这样。所以，在和他们交往时，我们一定要了解他们的特点。而有些中国人签字不算数，承诺也不算数，宣誓还是不算数，只有他们在心里认定了，才算数。也就是说，凡是有形的东西，对这些人几乎都没有什么约束力。这就是东西方人面对承诺时的区别。

面对持有不同文化理念的人，如何让他守承诺，确保他能说到做到？

要让外国人签署一份文件，不是那么容易的。他会从头看到尾，有不同意的条文会给你讲，协商一致后他才会签字。但是他只要一签字，合同就是算数的。所以，如果要罚一个外国人1000美元，拿出他亲笔签字的合同，他就会乖乖认罚。

而你要罚一个中国人1000人民币，他会问："你凭什么罚我？"这时你指着文件说："你来看看，这是你自己签的。"他会拿起文件再看一下，这时候他会很仔细地看，然后他会讲："奇怪，怎么会有这条？如果知道有这条我根本不会签，我当时没有看到这条才签的。"他开始不认账了。

有时候，用中文签约，会引起一些误会，因为中文中有些词语含义宽泛，不同的人常会有不同的理解。

面对这样的情况，是不是没有办法了呢？其实我们只要把握一个原则——合理，就能解决问题。你的合同是很合理的，他闭着眼睛签，他也一定会遵从；如果合同是不合理的，他签了也不认账。合理的东西没有人不遵从，这是唯一的道理。

所以，如果你问我什么叫作中国人的性格？我会用三个字概括："不一定。"全世界的人都有情绪的变化，其中数中国人的情绪变化最大。在践行承诺的过程中也要考虑到人的情绪、人情等问题。

举例而言：甲、乙二人做买卖，签了约以后，物价一直涨，甲天天在家里骂乙捡便宜了，这时乙主动还甲一点，补贴甲一点——因为甲吃亏了，这样甲还会骂乙吗？绝对不会。甲跟乙签约以后价格一直跌，那就换成乙骂了，甲就退还乙一点货款，乙就没事了。

所以，我们一定要懂得这么一种思路——除了理，还要讲人情。中国社会是人情社会，人情是永远不能被忽视的关键因素，不然就没办法跟别人打交道了。

有很多人成就了辉煌的事业，而其中有些人根本没有读过什么书，这是为什么？就是因为他们依据中国人的独特性格行事，顺势而为，必然有所成就。

重改善，精益求精

◐ 重改善，一次比一次做得好

有些中国人很不重视方法。搞学术的都知道，"Methodology"（方法学）是西方非常重要的学问，中国没有"Methodology"，没有专门针对方法学、方法论的研究，原因很简单，因为我们注重实干、埋头苦干，习惯了在工作中不断摸索，但对方式方法没有过多的关注。这其实失之偏颇，方法是很重要的，选择正确的方式方法有助于快速解决问题，可以达到事半功倍的效果。

◐ 改善就是持经达变

有人会问："改善"二字与前面提到的"变"与"不变"是什么关系呢？

所谓"改善"，就是持经达变。中国人习惯渐变，不喜欢突变，所以从表面上看，中国人总像没有变一样。孔子讲"不停滞"，不让人停下来，一路在变，变到好像没有变一样，这是我们最拿手的。

我在国外读书时，大学里的教授们都跟我讲："你们中国人不会变，你们很保守。"我听了心里很高兴，我是真的很高兴：一个这么会变的民族，几乎已经到乱变的时候了，还没有被人家看出来。

一个人的变被大家看出来了，这个人就是不会变的人，没有掌握变的精髓。中国人能变得让人没有感觉，这是变的最高标准。把一只青蛙抓起来一下子扔到热水里面去，它一定立马跳出来，因为温度变化太大了。我们会把青蛙先放进冷水里，然后慢慢加温，水温变化很微小，青蛙就不会跳出去——我们有自己的一套方法：变，要渐变，变到让人无法抗拒才是高招。

外国人到中国来一开始很难适应，感觉这也不对，那也不对；中国人到全世界其他地方都感觉很舒服，因为我们很会调整自己。

☯ 改善是缓慢的、渐进的，但又是持续的

儒家最了不起的理论就是"不停滞"，强调永远在变，这种变是渐变，不是突变，因为只要突变就会有人抗拒，我们会变到让人无从抗拒。改善是缓慢的、渐进的，但又是持续进行的。

公司总经理宣布要修改人事规章，大家马上就会警惕起来：是不是薪酬体系要改变？如果薪酬体系发生改变，所有人都会反对，因为大家的既得利益要受损，绝对要跟总经理事事作对到底。

如果一位初来乍到的总经理准备改变薪酬体系，按照持续渐变的策略，应该怎么变呢？

总经理会把干部找来询问："你觉得我们的薪酬体系合不合理？"一句话就可以探出底细。如果对方讲"合理"，总经理就知道对方不是合作者，如果把变革工作给他做了，自己的计划将无法实现；如果对方说"不合理"，总经理要进一步询问："不合理吗？我都没有感觉到不合理，你感觉哪里不合理呢？"干部会讲出子丑寅卯，结果，总经理看起来是顺着对方讲话，实际上是按照自己的思路完成了薪酬体系的变革。

重方法，正确有效是唯一的衡量标准

依然用上面的例子，经过一个推、拖、拉的过程，薪酬改革方案最后成功实施——不是新来的总经理要变革，而是员工要变革。既然是大家的意见，政策施行起来就没有阻碍了。谁再抗拒，谁就是"罪人"。

在讨论方案的过程中，总经理会把员工的意见先提出来："如果这样改，一个月你会比原来少300块。"

员工嘴上讲："没有关系，以公司利益为重，我个人事小。"

总经理如果真的减掉对方的薪水，一定会挨骂。所以总经理会说："你的好意我领了，薪酬方案还是要调整，但是每个月我会补贴你300块，不会叫你吃亏。"

这样做，对方就会很高兴。其实，调整后他拿的钱跟别人一样多。

另外，如果要裁员，就要采取逐年裁员的方式，不可以一次性完成。如果你认为这样做是圆滑、奸诈，那是你的问题，因为你理解错了，我们讲的、做的绝对是正正当当、实实在在、规规矩矩的，只是方式方法有所调整。

总之，我们的改变是缓慢的、渐进的、持续的，一次比一次做得好。在这个过程中要注意方式方法的选择，方法很重要，把方法搞对了，就事半功倍。正确且有效是好方法的唯一衡量标准。

第五章 建立合乎人性的制度

管理离不开制度，但简单的制度化绝称不上是好的管理。制度是什么？制度是组织中所有成员一切分工合作的基本规范，是成员在组织中的行为规范。

制度是要让大家遵守的，让人能够接受、愿意遵守的才是好的制度。

管理制度化

管理必须制度化，制度化管理有助于规范员工行为、提升员工工作效率和企业竞争力、优化企业资源配置、增强团队凝聚力和稳定性等。

中国人一直以来都很会定制度。

现在很多人满脑子都是"美国很先进"，其实未必。美国华尔街几乎都是金融类、银行类的企业。实际上，全世界第一条"华尔街"出现在山西的平遥，那里的钱庄制度绝对不比现代金融制度差。我们现在想到的，晋商早在100多年前就已经做到了。

管理一定要制度化，但是仅仅做好制度化还算不上好的管理，因为制度有时会很僵化。为什么定了制度、法令后，总是觉得它们不合时宜？这是因为整个世界在变，整个社会在变，整个环境在变，尤其是在称得上日新月异的21世纪，制度法令如果还是三五年前定的那一套，如何能指导当下？但是如果法令常常变，朝令夕改，又会弄得大家无所适从，这也是矛盾所在。

自觉遵守合理的制度

有制度却不敢执行

很多受西方管理科学影响的年轻人告诉我，公司只要把制度定得完美，然后很彻底地执行，就可以运营下去了。只有毫无经验的人才会这样讲。

实际上很少有人敢完全照制度去做，这是很有意思的事情。我常常讲，哪怕制度定得非常规范，但在实际工作中却很少全按规定执行，不是领导不执行，而是不敢执行。例如，在公司的相关制度中，每个领导都有权力开除员工，可是每个领导都抱怨没有开除员工的权力，那是因为他不敢用这个权力，因为这种权力一旦使用必然后患无穷。

再如，制度规定：上班时间不能看书报杂志，否则罚款1000元。制度定得够清楚、够严格吧？如果你是经理，你的部门里面有一个人上班时间看杂志，而且是高高地举着看，你敢不敢抓他？很多时候是不敢的。

为什么经理不敢处罚违规的员工呢？大多数中国人自己会衡量：那个人如果没有"两把刷子"，敢明目张胆地在上班时间看杂志吗？答案是不敢。这种人是能屈能伸的：没有什么优势的时候，就埋头苦干，很听话；当有贡献、有背景、有"两把刷子"的时候，就开始"耍大牌"。而事实上，管理者也真的不敢把这种人怎么样。

但是，作为领导，一定要想办法做些事情，毕竟此风不可长——管不了他，就管不了别人。

有些不聪明的领导是这样想的：这个人我动得了动不了？动不了我也要动，不然作为领导我就没有尊严了。此时，采用正确方法处理事情的重要性就凸显出来了。

如果直接过去抓住当事人违规并上报给领导，当事人一定会说"经理栽赃我、冤枉我，他想借机会整我"。届时，经理将百口莫辩。所以，有的领导明明看到违规的事情，他一定先拐个弯，让别人去"看看他在干什么"——这个人将来就是证人。被要求去看的人，如果警惕性很高，知道经理看到有人上班看杂志，他就会再叫另外一个人去看。

这就是我们提倡使用推、拖、拉的原因——如此一来，证人就会有好几个了。但是，这样做还是不能解决问题，如果那个违规的人是老板的红人，经理敢动他吗？动他就是不给老板面子。老板虽然会很严厉地处理这件事，但从此老板和经理之间会产生很大的隔阂。

☯ 合理的制度，合理地执行

同样是没有遵守规定，聪明的中国人会有两种处理方法：一种是抓，一种是不抓。抓，有抓的做法；不抓，有不抓的做法。

如果要抓，就要找很多证人，然后叫当事人自己来说在干什么，自己写报告。老板经常说"做了什么你自己心里最清楚"，就是这个道理。报告写完给证人看，大家都知道他违规，而作为管理者的你却一句话也没说，"无为"在这一过程中起到了很大的作用。

不抓，就更妙了。

经理拿一本杂志站在看杂志的人面前："哎，你在看什么杂志啊？一定有很精彩的内容,你才会在这个时候看。我这本也很精彩的!"然后,就把他那本拿来,与自己手中这本卷在一起,大声说:"两本都带回去看啊,免得有人误会你上班看杂志。"

这种处理方式很巧妙,说没有处理吗?你处理掉了;说处理了吗?你没有处理。但是老板一定对你非常满意,因为他知道你是会做事情的:给员工和老板都留了面子,也给自己留了退路。

很多员工一辈子在基层工作,他们常说的话就是一切都要依法办理。坦率地讲,如果一切依法办理办得通的话,干部就可以统统被裁掉了。因为依法可以办理的事情,基层员工都办完了,要干部干什么呢?公司需要干部,就是因为基层员工依法办事行不通,干部如果还要依法办理,我看这个干部还是干脆不要当了。当干部的,如果满脑子都是依法处理,就不是一个好干部,因为他没有领会干部存在的意义,是不够格的。

制度只能管例行、常规的事务,没法管例外。但是,中国是例外最多的国家。中国人嘴上讲"王子犯法与庶民同罪",实际上看看曹操就明白了。

曹操带兵打仗的时候,看到麦田里的麦子长势很好,于是下令:不要踩踏麦田,踩踏麦田者,斩!刚刚讲完,他的马就踩倒一大片麦苗。当时曹操就拿起刀来处罚自己,所有的人都跪下去求情:"千万不可以。"曹操坚持认为自己发布的命令一定要遵照。大家再三求情,最后曹操"割发代首"。

这就是例外,处理事情的方式非常变通,至于合不合理,大家自行衡量。如果曹操将自己斩首,还打什么仗呢?

合理的制度,要合情合理地执行,在执行过程当中要适当变通、灵活处理。

由下而上定制度最有效

追根究底，制定合理的制度是减少纠纷的根本措施。只有制度足够合理，才能尽可能多地处理好例行事务。

怎么样才能让大家觉得制度比较合理并愿意遵守呢？唯一的办法就是让大家自己定，由下而上定制度最管用，也最能为大家所接受。

要以部门为单位，制定出符合本部门特点的制度规范。生产部门的制度跟营销部门的制度不应该一样，因为营销部门的工作内容决定了每个人都需要穿西装、打领带，而生产部门从来不用穿西装、打领带，两个部门的制度怎么可能是一样的？生产部门要求按时打卡，同进同出，是因为他们要一起工作，营销部门为什么要同进同出呢？高兴早点儿来就早点儿来，愿意晚点儿回去就晚点儿回去，把业绩做出来了，上班时间的早晚并不重要。

制定制度不要一刀切，我是最反对一刀切的，因为这既不符合情理，又不符合企业实际经营状况，更不符合人性。

老板有最终决定权

但是,如果让执行制度的人自己定制度,会不会把制度定得非常有利于自己,或者借机偷懒呢?有的老板一直怕出现这种情况,其实不用怕,因为管理者有最终的决定权,只要掌握最终的决定权,老板就不用怕任何事情。

我辅导过的公司就是这样的,各个部门自己定制度,只要能定得出来且自圆其说,老板就敢接受。这个过程中,各部门压力都很大,因为公司内部会互相制衡、互相监督。例如,有个部门想定一个不用上班、领高薪还要享受福利的制度,当他们把制度提出来后,就会遭到其他部门的嘲笑,这个部门就必须重新修改自己的制度,直到制度合理并得到老板认可为止。

所以说,制定制度,由下而上最管用。由下而上制定制度,要充分尊重员工的自主性,不要怕下面提得不对,下属自己会平衡,而且老板有最终的决定权,可以规避不利情况。

上下多交流，彼此多尊重

☯ 老板的目标取决于下属的目标

在制定制度时，如果下属把目标定得比较低，又怎么办呢？请老板放心，下属自己会调整的。

老板："是将目标设在一等，拿超额奖，还是将目标设在三等，没有奖金，你可以自己选。"

下属："我要多做点。"

老板："不要勉强。"

下属："不行，我一定要提高。"

好的制度，要由大家来制定，还要由大家来执行。自己制定的制度要自觉遵守，否则大家都会没面子。

我有时候觉得不少老板做得并不好，自己累得要命，下属却闲得要命。其实，每一个人都会替自己打算，因为他有无限的潜力——根本不用谁来操心。现在西方的管理制度不能让人把潜力发挥出来，往往会把能干的人限制住，让其没有发挥的空间。中国人则是能者多劳，能干你就多干，公司不会亏待你；不能干你就少干，但是老板心里有数，到时候吃亏是你自己的事。

我学了完整的西方管理方法，但是我了解中国人，简单地把西方那套方法拿过来生搬硬套到中国企业上，形式上很好看，但实际上并不管用。尽管做同样的工作，一个更有经验的人所付出的有很多是无形的东西，是没有办法用酬劳来简单衡量的。西方关于同工同酬的理论不足以区分这种情况，就存在某种程度上的不合理、不公平。

作为老板，有这样两类人，他们做的工作差不多，但是工作质量不一样，用什么办法让工作质量较差的人快点进步呢？

以我的经验，老中青相结合才是最好的办法，让经验丰富的老员工带新员工。虽然现代企业管理中没有了学徒的概念，但是员工要有学徒的精神。在职场当中，跟着一个师父，就会成长得很快。这种方法日本人用得非常好，新人到一个公司就赶快寻找一位同事当自己的师父。在学校，我们将其称为"学长制"，称那个人为"学长""学姐"。我们应该把这种精神、这种方法应用到职场中去。新人如果没有"老人"带，就只能靠自学自悟，通过一件件实际工作来摸索、尝试，就个人而言，成长速度会很慢，也不利于公司整体业绩的增长。

老板要想办法激励做得更多的人

对中国人来说，职场必然会有暗盘。我去国外开会，每个人都问我"什么叫暗盘"，我反问他们："你说什么叫暗盘？"

西方有位激励学派的人说："所谓'激励'，就是有刺激、有反应。奖励明着来、明着去，接受者自己有反应，大家都能看得到，这才有激励作用；你们那个暗盘，暗着来、暗着去，谁都没有看到，怎么会有激励作用？"我告诉他："你怎么知道大家都不知道？中国人的暗盘就是大家都知道，哪有大家都不知道的暗盘？"

我们的暗盘妙用无穷：你工作用心，做得好，老板就舍得用暗盘。这个干部工作出色，但平时常常吃亏，到年底，老板给他300万元的奖金，明年他非卖命不可；若老板舍不得给这300万元，他明年肯定不好好干。我们就是这样，表面上看似公平，实际上就是不公平——暗盘有显著的激励作用。

什么是公平？西方人认为，我有、你有、他有，这才叫公平。中国人很妙："我领到两千块，我真的很高兴。"如果发现别人也有，他就很恼火，会认为这样不公平。我们的公平概念跟西方不一样，很多中国人认为大家都有就是不公平，他一个人有而大家没有就是公平。每一个人都会觉得自己的贡献最大，觉得自己做得比别人都多，觉得没有自己公司肯定无以为继。这就是某些中国人的思维，他们很会自我激励："非我不可！"实际上没有这回事。

好制度要动态平衡

制度不能移植，凡是移植的制度都很难"活"下去。好的制度必须是本土生根长出来的，是因为大家都觉得有需要，才慢慢形成的。

为了紧跟社会的发展，制度要常常修改，"日落法"就是对这一举动最好的阐释。太阳都会下山，制度怎么可能一成不变？我们制定了一个制度以后，要说明制度的实行期限，如"本办法以一年为限，期满后自动作废"。

新加坡就是这样做的：这个制度到明年的今天会自动失效，这样会令很多人紧张，逼着大家提前3个月拿出新办法来，或者大家重新讨论，看一看原有的制度有何不妥并及时修正。

我们一直在讲渐变，局部问题修改了就不用全面改革；能渐变就不要突变。一套制度定下来，三五年不改，是绝对行不通的，不渐变最后就要突变。届时一革新，就会造成很大的矛盾，甚至是混乱。

对此，有人会心存疑虑：如果一套制度每年都要变的话，大家会不会有临时性的心态呢？不必担心。如果大家讨论认为不要变，那就不要变了；认为要变，对具体要变的内容进行修改就行了。这就叫作动态平衡。

好的制度要适应实际情况，保持生命力，就要保持动态平衡。适时的渐变，既可以避免突变，又可以延长制度的寿命。一切都应根据实际情况处理，具体问题具体分析。

好制度关键在执行

制度定得再好，落地执行不到位，也不能发挥制度应有的作用，好制度也就形同虚设。因此，好制度的关键是要执行得好。

有些中国人的制度观念很可怕：制度是什么？就是"置他人于死地，度自己上天堂"。

上车系安全带是很自然的事，但美国人为了通过这个制度抗争了许久。"我干吗要系安全带？"你说"为了安全"，他会讲："安全是我的事，不用你担心呀，我高兴系就系，我不高兴系就不系。"最后法律确定一定要系，美国人也就系了。

而有些中国人则是这样想的：你说要系是你自己的事，你说不系也是你自己的事，大家各有一套行事方法，有些人为了应付检查，只在看到交警时系安全带，或者只系一半安全带。

如果真正了解中国人，就会知道把西方那一套生搬硬套地学过来是没有效果的。立足于公司层面，我的办法很简单：安全带系不系是你自己说了算，但是凡是系安全带的人，如果出了意外保险公司来赔；凡是系一半或者不系的，全部由自己处理，由自己负责。这样做是要让他们心甘情愿地系，而不是限于制度，心存抵触或敷衍了事。

总而言之，制度是必需的，但是不要太依赖制度，因为制度不是万能的。可以从人性、需求的角度出发，想办法来完善制度。

凡事合理合法

很多事情都能体现出一个人的价值观。你认为当老板的要令出必行,但到最后你是孤家寡人一个。有的总经理在职的时候,很多人怕他,对他服服帖帖;但只要他一退休或者调动了,他马上变成了"总不理"——没有人理他。

我最感兴趣的事情就是陪着一些"老人"回原单位,有的人一回到原单位,很多人老远就跑过来跟他打招呼,我就称赞他:"你很成功。"有的人一回到原单位,所有人一看见他就躲,我就反问他说:"你是怎么干的?"很显然,他是失败的。

一个人待人好不好,不是在职的时候能观察出来的,而是在他离开以后才能知晓。所以,一个人要留下一点"去思"——离去以后人家会想念他。这可以从另一方面反映出这个人在职的时候大家是不是真的信服他。

中国历史上的法家都死得很惨,几乎没有一位法家得以善终,为什么?因为法家不是中国文化的主流。法家是什么样子?言出必行,不打折扣;以身作则,铁面无私。这就是法家的形象。但最后呢?不少人都作法自毙,商鞅到最后就是死于自己积极推行的"商君之法"。

历史的教训是要看一看的。中国很重视法,但是法深入下去还要有理的支撑。我们讲"合法"时,一定讲"合理合法",我们很少单独讲"合法"。很多学法律的人要认识到:一个人如果只怕违法,这个人的人格就有问题;一个人只要合法,什么事情都敢做，这个人就没有道德。不违法是底线，讲道理才是标准，所以我们的行为要合理合法。

中国人为什么讲道德？就是因为在行为约束方面，法律差得很远。

法律是最低的道德，要用道德来弥补法律的不足。但现在很多人不是这样，片面理解为"只要不违法，任何事情都可以做"，这样的人是没有良心的，不违法不代表他的行为符合道德标准，符合公序良俗的要求。他的道德标准太低了。

第六章 处理问题的基本思路

管理要有制度,但是又不能按照制度百分之百地去执行,否则制度就会变得僵化。另外,在管理过程中,我们常常会遇见一些意想不到的事情或麻烦,这叫作例外。

但要注意的是,有太多的例外毕竟不是好现象,说明制度、法规不起作用了。如果法规不能概括大部分现象,那也就失去了适用性。所以,当例外越来越多时,我们就要赶快修订法规、制度。

如果涉及复杂的情况,在处理问题时要先从情入手解决问题,要讲情、理、法。遇到矛盾,要用行动去化解,不要用语言去辩解,越辩矛盾越大。

遇事首先讲情

中国人考虑事情跟西方人不一样。西方人依法处理，法怎么规定，就怎么处理；而中国人会把法放在心里，也就是"心知肚明"。我们懂得，只要一把法规、制度提出来，大家就伤感情了，伤了感情也就失了和气。所以很多人在执法时都有顾虑。整个社会如果这样发展下去，那么我们是没有希望的。

制度化首先要考虑到合理化，只要制度合理，大家就能够遵守。

作为中国人，处理事情要先把情拿出来，从情入手，而不要从法入手。要把法放在心里当腹案，心中有一把尺，这把尺就是合理，但是嘴巴要合情。嘴巴专门讲情，心里想的是理，肚子里面是法，情、理、法三位一体，处理起事情来就百无禁忌、畅通无阻了。

看到员工做不好事情，老板马上处罚他，这样做很冒险，因为这种结果可能是多种因素造成的，如果骂错了，老板会下不了台。所以，大多数中国人处理起事情来都会给对方留面子，这样做对方会更容易接受。

要用情和行动去化解矛盾

针对下面这些对话，我们来思考解决问题的方法。

老板："你最近在干什么？"

下属："我在填表格。"

老板："表格有什么重要的，你填不填有什么关系？"

碰到这种情况，下属该怎么办呢？

有的老板很奇怪，凡是你认为重要的，他都说不重要。"你没有做的事情，为什么不去做呢？没有做的那才重要。"这就是老板的心态。

例如，你总在办公室里面忙，老板会觉得很奇怪："你每天的工作就是搞这些没用的表单吗？这些是骗人的，外面那些真正重要的事情谁去干呢？"你跑到外面去，他又会说："你整天在外面跑，表单谁填呢？"可见，你永远没有办法让老板满意。

可以说这就是中国社会的现实状况。家事同理，夫妻两个人越来越看不顺眼对方时也是这样。同样，子女在家，父母觉得很烦："你整天不工作，在家虚度时光。"子女不在家，很忙，回来很晚，父母又会说："家是旅馆呀？回来睡个觉就走了。"

那么，怎样才能化解这些矛盾呢？我的经验是：要把"情"摆在当头，见面就给对方面子，他有了面子，就很讲理。也就是说，要中国人讲理，你只要先给他面子就行。

针对上面那个例子,让我们看看如何应对这个老板。

作为下属要思考一下:自己是不是有什么地方让老板不满意,他才会借故这样为难自己,并不是自己真的怎么做都不对。老板一定有心结,把这个心结一打开,事情就化解了。

的确,我们很少就事论事,因为我们的认识是人和事是分不开的,西方人的认识是人和事可以分开。例如,西方人听到一句话,他仅就这句话进行判断;而我们听到一句话,会先问"是谁说的",搞清楚了再来判断(你不告诉我谁说的,我不可能做出判断)。在我们看来,任何事情都离不开人,老板对下属有心结,下属去道歉没有用,去说明也没有用,只有想明白大概是因为什么事情得罪了老板,再从行动上来改善,老板自然就理解了。遇到事情怎么办?要讲情、理、法。遇到矛盾,要用情和行动去化解,不要用语言去辩解,辩解有狡辩的嫌疑,越辩矛盾越大。

揣测没有错,中国人一定要学会揣摩别人的心思,懂得察言观色。你讲话时,眼睛要看对方,如果你讲话时眼睛不看对方,你就跟瞎子一样;但是不能投其所好,一察言观色就投其所好,那是小人;察言观色之后合理地调整自己的做事方式,才是正确的做法。

如果你完全不察言观色,不理解老板的心思,老板跟你越离越远,结果会怎样呢?大多数老板不会把你"炒鱿鱼",也不会把你调职,只要"急速冷冻",让你什么事也不能做,你自动就走了。你走了,老板还会想:走了更好。

依法处理有前提

我观察了近三十年发现，一个中国人只要有了面子，他就会很讲理。而情就是给对方面子。

某人要插队，如果你说："没关系。"他会不好意思地说："我站你后面。"如果他一插队，你就说："你为什么插队？"他就会说："我比你来得早，哪里是插队，我是临时有事出去一下，怎么是插队？"

在中国排队跟在西方排队不一样。西方人排队一定要人站在队里，中国人是用眼睛在排队，眼睛看到哪儿，哪儿就是他的位置。你能把他怎么样？你能天天跟人家吵架吗？你天天吵架自己还做什么呢？

如果一看有人要插队，你就说："你很急，站到我前面来。"对方就会说："没关系，我站在你后面。"中国人就是这样，只要有面子，就很爱护这个面子，就不能不讲理；如果没有面子，就可以蛮不讲理——反正我已经没有面子了，就没有什么可顾忌的了。

如果让一个人没有面子，就相当于撕破了脸，最终会闹得很难看，自己是最吃亏的。这个道理千真万确，这方面我们有太多的案例可供参考。

就拿一家公司来说，公司的基本配置：老板是公司的掌舵人，要有一定的魅力和一套独特的管理方法；中层干部扮演的是承上启下的角色，既需要对老板负责，又要对基层员工负责；而基层员工只要实实在在地把工作做好就可以了。

如何才能让这家公司正常运转呢？西方管理科学给出的答案是每个人都要把自己的角色扮演好，各司其职，然后建立起一套管理制度。那么问题就来了：有了制度就万事大吉了吗？如果按制度执行会严重伤害到某个人的面子怎么办？

合理的做法是：做事情要先从情开始，不要先从法开始。我给你面子，你能讲理，就不必谈法了；我给你面子，你不讲理，我再给你一次面子，你还是不讲理，我就翻脸无情，就要依法处理。这样做，对方也就没有话讲了。

这就是依法处理有前提的真相。在中国讲情与法，情在前，法在后，做事要先从情开始；如果给足对方面子，对方还是不讲理，就依法处理。

处理问题要人性化

在中国，处理问题要人性化，要根据实际情况，特殊情况特殊处理。

我们出国坐飞机要通关，大家排队排得整整齐齐的，有个人公然插队，警察过来制止，此人会说："有没有听到广播？我是那架飞机最后一位旅客，全机都在等我，我是因为来不及才插队。"警察一听，马上送乘客去登机口了。

这种情况是例外的特殊情况，不能要求迟到的这位乘客按照规定排队，特事特办，处理过程体现了人性化原则。当然，也不排除另一种可能：这个人确实脸皮很厚，你给他面子，他反而利用你这个面子占尽了便宜。怎么区分这两种情况呢？放心，这种人迟早会吃亏的，因为他养成了一大堆坏习惯，总有一天会为这些恶习付出代价的。

大多数中国人是这样的：以后大家彼此还会交往，你给他面子，他很讲理，大家相处愉快；你给他面子，他就占你的便宜，你第一次让他占，但以后碰到这个人就不会再给他面子了。所以，当领导的，对这个人客气，对那个人不客气，是他经过分辨做出的反应。

得到面子要格外讲理

面子只有双方相互给，才能达到和谐共赢的目的。当你得到人家给的面子时，要格外珍惜，要格外地讲理，彼此感觉到诚意，双方都会比较愉悦。

有人认真地告诉你那条路怎么走，你到底要不要相信他？他说的可能是假的，也可能是真的。你不相信他，你就会吃亏，因为他是真的；你相信他，你也会吃亏，因为他可能是假的。

中国古话说"吃亏是福"，人吃亏只是一时的，不会永远吃亏。吃亏一时，但是占便宜永久，这叫作君子；吃亏一时，又一直吃亏下去，就是呆瓜。在某个人的手里吃过一次亏，你对这个人就要有警惕性了，以后他讲什么你都不大会信了。吃亏一次怕什么？你吃得起。

俗话说：有舍才有得。凡是舍得的人，福气都很好；凡是舍不得的人，都没有什么福气。这不是迷信，这反映的是人内心的需求：吃不起亏的时候，就一定要占便宜，那以后就没有度量和能力可以吃亏了。有的人根本不在乎，吃一点亏算什么？这个人的福气永远很好，因为他有这个气度，自然就会有所收获。

制度要有软件配合

制度是很僵化的东西，必须要有软件配合才有用。什么是软件？就是中国式管理，就是人性管理。

规定大家上班不能迟到，有用吗？没有用。我只用了一招就让我辅导的公司再没有人迟到过，我告诉老板："如果你的下属6点半上班，你就6点上班。"果然，所有经理早早都到齐了。老板说："你们这么早来干吗？"经理们第二天到得更早。假如老板说："你就应该这么早来。"那么，经理们第二天准迟到。

所有早到的经理心里都很清楚：老板看到自己了，老板知道自己是勤奋的。

☯ 角色不同，作用不同

员工上午8点上班，他要一直工作到下午5点，所以他不能太早上班，因为他很辛苦；但干部不一样，越是干部越是要早来晚走。

在美国，有的CEO早晨4点就上班，因为那时候路上车很少、路况很顺，停车位也很宽松。停好车后，CEO就开始规划一天的工作：今天要找什么人谈什么事情；看到某人来了，就去找他谈，谈到他按部就班去做事，CEO就没事了，可以去打高尔夫，可以去睡觉。这才叫作会当CEO。跟大家一起挤车子、打乱仗、匆匆忙忙、无暇想事情，这不是称职的CEO。

岗位不同，发挥的作用也不一样。老板做好顶层建设，干部要承上启下，基层员工则扎实地做好本职工作。每个人都应立足于自己的岗位，各司其职，才能保证公司正常运营。

☯ 干部、员工有时压力会比较大

如果所有事情都比较清楚，大家就按照清楚的东西去做；如果所有事情都不清楚，又要做好，大家的心理压力会大些，因为没有参照，无从下手。

老板不高兴了，他告诉你："今天这桌子没擦干净。"你赶紧去擦干净，这很简单。但是如果老板很不高兴，他又不告诉你原因，就算你把整个屋子都打扫完，他也不高兴——他是因为院子不干净而生气。

这里隐含着一个哲学道理：当我们认为清楚的时候，可能是看错了；当什么都不清楚的时候，可能又是非常清楚的。

☯ 好老板应该知晓干部所想

我常常讲，干部一脚踏进门来，能立即猜得到他会说什么话、知道他要谈什么的老板才是个好老板。老板要抢占先机，一旦等干部开口，就很难跟他沟通了。

生产科长一进门，老板马上知道他要谈加班费的问题，因为生产科长一直觉得加班费不高。等他一开口，老板再跟他谈就会比较被动：不同意会让他很没面子，同意又会增加开支。好老板就要在他开口之前，看看有谁在场，如果正好总务科长在，那是老天爷帮忙，老板就开始训斥总务科长："你这个家伙不想想看，你们整天花公司的钱，却还在啰唆，你看人家生产科，没有花公司的钱，都在尽心尽力地做,加班费那么低都没有人讲话,你还讲什么?"然后转过身来再问生产科长:"有事吗?"他一定会说"没有事"。这件事情就这样暂时解决了。

如果没有任何人在办公室,这个忙别人帮不上,老板就赶快拨电话,骂得更凶:"你这个家伙乱来,你看现在生产科长在我这儿,他很委屈你知道吗?下属天天抱怨加班费那么低,他都好言相劝,为公司大局着想,哪像你!"生产科长一听就会走了。

这一招很厉害,但不要常常用,否则就没有人信你这套了。这还没完,等人走了以后要开始想办法调整加班费,从根源上解决问题。

作为一位称职的老板,要了解公司的风吹草动,掌握各部门的大事小情,一看下属脸色就能知晓他的所思所想,由此才能把握主动权。

总之,处理问题的技巧非常多,需要我们在处理事情之前进行非常周密的思考和准备。

第七章 处理问题要谋定而后动

前文介绍了很多处理问题的方式、方法,一切都需要我们在处理问题之前有非常周密的考虑,"谋定而后动",做事要先做计划,考虑要周到。

思考的方式和执行的方式相反

思考和执行的方式正相反,我们做任何事情,一定要"谋定而后动"。

我们学习西方管理科学的计划、执行、考核,好像西方人很有一套,而中国人没有这一套。其实并非如此,中国人的计划跟西方人不太一样,西方人一定要有纸上作业,而中国人脑筋一动就是一个计划。我们的脑筋转得非常快,因而就不停地有不同的计划,这种计划常常被叫作"点子"。

中国人讲究"谋定而后动",在做任何事情之前,先要做好计划。值得注意的是,做计划时的思考方式,跟我们执行计划的方式刚好相反。思考时,首先需要考虑的是合法性,执行时,首先考虑的是合情理。我们去执行的时候是从情入手,但是考虑事情不能从情入手,而要把法放在第一位,所以,当我们在做计划时,要先看一看规定,不要逾矩,不要违法。

在中国,不管是老板还是干部,只要违法,就按照法律法规办事,没有转圜的余地。只有在确定不违法的前提下,才可以考虑从情入手制订计划。

做事要合法

我常常跟很多人讲这个道理：要在中国做企业，绝对不能违法。也许会有人怂恿你："怕什么？出事找我好了。"这话其实并不可靠，因为一旦出了事是没有任何人能帮你的。

任何一个人，不管是公务人员，还是在企业工作的人，碰到问题，一定要看一看相关的法律条文，明确事情是否合法，是否能找到相关的法律依据。但是，我们的法令多半有弹性，因为中国文字本身就很有弹性，再加上制定法规、法令的人也知道，如果法规、法令没有弹性，根本执行不通。面对这种情形，我们又该怎么办呢？

有位老师刚从美国回国，满脑子都是"守法"。他去监考，学生作弊，他就把学生送到校长那里去，学校要求学生退学，这位老师很后悔："早知道学校要他退学，我根本就不送到校长这里来，我送他干什么？是我抓得特别严（每位老师都说自己抓得特别严），他稍微一动我就把他抓出来，学校就让他退学，这不公平啊！"因此，老师又去替学生求情。

所以，后来学校只好规定，凡是考试作弊者要看当时的状况给予退学、记过、口头批评教育等处分。由此可见，相关的规范还是要有一定弹性的，要根据具体情况而定。

我们定的制度要让人乖乖服从，不服从的人会吃亏，这样的制度就是有效的。

法治社会，守法、守规矩是底线。凡事先看法律规定，合乎法律规定的才去做。一个人无论做什么事情，都要先动脑筋：我这样做合法不合法？合法或者不合法只是事情是否可以做的最初级的检验标准。

遇事要变通

有这样一种人，他们有这样一种心态：一切照规定办。其实，这是一种不负责任的、无所作为的心态。这种人在生活中通常不太受欢迎。

其实，规定之外还有很多事情要做，因为法令、规定只是底线。你不违法，但还是有很多事情可以做，而你却没有做，没有让事情变得更好，这就是无所作为或者叫作不作为。比如，有张桌子摆在这里碍事，你既不能拆掉也不能扔掉，但是可以通过调整桌子的位置来改变其碍事的现状，但是连搬下桌子你都不愿意干，处理事情只知法令，不知变通，是无能的表现。

中国人最讨厌公事公办、动不动就拿法令来吓唬人的人，尤其是人事部门，任何企业的人事部门，只要一切照规定办事，就得不到干部、员工的支持，得不到任何部门的配合。

所以，我希望大家一定要有法的观念，但是用法时要动脑筋：怎么样在法定许可的范围之内做到"合情合理"？

外国人到一家商店购物，他一定要看这家商店几点钟开门。很多商店都是10点开门，他一看手表，现在只有9点30分，怎么办？他有两个选择：一个是等，等到10点再去排队；二是不等，直接离开。

而中国人既不会排队也不会走，因为我们的脑子很"灵光"：走了等会儿还得回来，多花力气，干脆直接去敲门。

对此，外国人很不理解，会问我："商店规定写得那么清楚，你们都不看吗？"我告诉他们："谁都会看，但谁也都会照样敲门啊！"

我也用类似的问题考验过很多业务人员：商店规定10点开门，客人9点40到了，你要不要把东西卖给他？你卖给他，是违规；你不卖给他，客人走了，你对得起公司吗？好不容易来客人了，你却把人赶走了。

如果我是店员，我就用中国式的处理方法来应对。

情景一：

店员："你这么早来，是不是有急事啊？"

客人："是啊，不然我这么早来干吗？"

店员："那你看看你喜欢哪一件呢？我帮你留意啊。"

通过聊天，店员就把客人留住了，留到10点把东西卖给他，同时又没有违规。

情景二：

客人："我实在没有办法等，我要赶时间。"

店员："没有关系，我去找我们主任。"

店员就跟主任讲，然后让主任把东西拿到外面去卖给客人。

这样做也没有违规——商店营业时间还是10点，这属于场外交易，又没有妨碍谁，店员这么做才是尽心尽力。这种处理方式就是规定之外的变通。

只要不违法，只要不伤害别人，一切都是可以变通的。

但是，如果今天商场是限时销售而且还限量，就不可以用以上方法操作，要有先来后到，大家按照次序排队，谁都不能先动。这个规矩是要守的，否则会损害其他客人的利益。

也许有人会说：虽然有规定，但是店员也不遵守，顾客也不遵守，这个规定不就没用了吗？

其实，灵活变通要根据实际情况具体分析。对公司而言，变通原则对于不同规模的公司的适用度是不同的。大公司的铁门一关，10点才开，大家没有话讲，你非按照规定执行不可。如果公司规模很小，希望招揽更多的客人来，那定10点营业就没有意义。所以，对大公司来讲，10点是标准时间，而对小企业、小商店来讲，那叫作参考时间。

这就是我们所讲的"合情合理"。

那么，大公司需不需要变通呢？当然需要，只是大公司可以在其他方面变通。比如，有客人头天晚上打电话来说，实在没有办法，事情很急，一定要在明天一早就来，店员可以把他带出去，在外面交易，然后进店报账。这种情况是被允许的。

不能变通时要求得理解

前面讲的是可以变通的例子，如果遇到一些没有办法变通的事情，一定要跟对方说明，自己实在为难，已经想尽办法了。在这种非常情况下，态度一定要诚恳、友善，表达出诚意了，就很容易得到对方的谅解。

我们还讲同样的案例。店员平常都可以变通，突然有那么一次他跟客人讲："平常我都给你方便，因为你是老客户，你照顾我，我给你方便。但是今天正好我们总管理处有人在，他死盯着这块，我今天不方便，你一定要谅解。"客人最后一定讲："没有关系，不要让你为难。"

中国人是很好商量的。沟通有诚意，讲到合情合理的程度，大家都很能理解。你不能刁难他，你刁难他，他就不高兴了。所以，有时候我们觉得有理就可以理直气壮，其实不然，如果店员都理直气壮，不是客客气气的，客人就不买他们的账。

☯ 下属不可自主变通

如果下属碰到了一些需要变通的事情，是不是可以自己做主去变通呢？

通常情况下，下属不可以自己做主变通，因为下属的想法跟上司经常是不一样的，作为下属，即使要变通，也要先请示主管，告知你的想法："制度规定是这样的，但是在目前这种状况下，能不能通融一下？""那这样，我请他来直接跟您谈。"看法不同是常态，变通必须求得上司的理解和同意，把人情让给上司，让他们去变通。

假如下属想事情过于简单，认为上级同意变通是给自己面子，就自行变通了，上司就会觉得这个人不够意思——下属自己做了人情，上司一点好处都没有得到。

☯ 做让上司放心的下属

如果是很急的事情，此时就立刻需要变通，来不及跟上司请示，下属该怎么办呢？即使如此，下属事后也要向上司报告。下属要树立一个观念：大小事情都要让顶头上司知道，这样做他才会对你放心。有时间就先报告，没有时间，可以先斩后奏。但即便先斩后奏也一定要"奏"，否则自己就要被"斩"了。

做事、做人，事事报备，要让上司放心。实际上，上司普遍对下属不放心，借用一个老板的有趣说法："我放心，怎么不放心？我最放心了，只是我放不下心而已。"

中国人上下级的关系非常密切，要得到顶头上司的赏识，你一定要跟他相处好，如果相处不好，你越有能力，"死"得越快。有很多人总是想不通：为什么自己有能力，可是一表现就"死"得快？一个可能是你处理问题的方式过于简单；另一个可能是你有能力，但没有把顶头上司放在眼里，你的上司对你不放心。他很有可能不是不放心你做事，而是不放心你做人。因此，你要检讨自己，不要责怪别人。做让上司放心的下属，前途才会光明。

合理合法，还要考虑可能产生的后遗症

合理合法也会有问题

有时候，各项条件都具备了——合理也合法，也向上司请示过了，但是变通仍然存在一定的隐患。

老板："你为什么这样做？"

下属："我都是按照规定做的。"

老板："你明知道规定是死的，人是活的，你放着活人不用，却去迁就那些死的东西，你存的什么心？"

这就是按照规定做挨骂、不按照规定做也挨骂的例子，在职场中普遍存在。

员工们要问：作为员工，我是按照规定来做风险更小，还是多变通一些风险更小呢？

我认为，多变通一些风险会更小。中国人是善变的，天下事没有一样是不能变通的，这才是中国管理哲学。而不变通在对方看来实际上就是刁难。

所以，在谈判时，只要有人告诉你法令规定是这样，你就要动脑筋：他是不是要回扣？有些中国人办事情是很清楚的，他若说一切照规定办，大概率就是暗示要回扣、要送红包。在此我也提醒大家，别人给的红包少拿，他给你10万元，你将来就可能要背50万元的债。天下没有免费的午餐，别人给的红包都是标好了价钱的，送你10万元却要你担50万元的责任，他不会平白无故地给你10万元——没有那样的人。

另外，在法令许可的范围之内，你的变通才会合情合理，如果超出法定范围，就坚决不要干。

在合理的框架之内变通

既然"天下事没有一样是不能变通的"，那么，我们应该怎么变？其实，我们始终需要在一定的框架范围内变，规矩是方，变通是圆，在考虑事情时要外方内圆，处理事情时则要外圆内方。

归纳起来只是简单的八个字："外方内圆，外圆内方。"但是要想做好，是一辈子的修炼！

刚开始遵循这个原则做事的确很难，但是值得去学，去修炼。万事开头难，往后会越来越容易、越来越轻松。年轻的时候多受一点折磨，年纪越大越轻松；年轻的时候日子很好过，往往年纪越大越难过。

人生好像两杯酒，一杯苦的，一杯甜的，不过是看怎么喝而已。有的人先把甜酒喝光了，后面统统是苦酒；有人先把苦酒喝光了，他后半辈子就都剩下甜酒了。我建议年轻人先喝苦酒，苦酒有限，喝完就完了，后面的甜酒很多，而且是一直很甜，就好像倒吃甘蔗，人生就很有味道。

第八章 做好上级交办的事情

每个人都有上级,怎样与上级搞好关系,是我们都关心的问题。这个话题非常现实,也有其奥妙。它也是人性管理中非常重要的问题。

与上级交往时不能拍马屁

与上级相处，首要的一条是不能拍马屁，在中国，没有一个人是靠拍马屁成功的。也许有人会有疑问：很多拍马屁的人都过得很好啊。那是我们看错了。

我问过近百位老板："你喜欢用拍马屁的干部吗？"他们会马上板起脸："你看看我是那种人吗？只要有哪个干部被我发现在拍马屁，我马上'干掉'他，因为我迟早会被他害死！"显然，中国的老板没有一个喜欢用拍马屁的干部。

我再问干部："你喜欢拍老板的马屁吗？"他们的脸都很难看："我拍什么马屁？我工作做好了就行了，我为什么要拍马屁？"

甲、乙、丙三个年轻人跪在大法师面前要求剃度当和尚。

大法师出来问："你为什么要来当和尚？"

甲说："我爸爸要我来的。"

大法师当头一棒就打了下去："这么重大的事情自己不决定，你爸爸叫你来，你就真的来了，将来你后悔怎么办？"

大法师再问乙："你为什么要来当和尚？"

乙一听甲说"爸爸要我来"会挨打，就说："我自己要来的。"

这下大法师打得更凶："这么重大的事情，不跟你爸爸商量就来了，你爸爸向我要儿子怎么办？"

大法师再问丙："你为什么要来当和尚？"

丙吓得一句话都不敢讲。

大法师用了全身力气打下去:"这么重大的事情想都不想就来。"

面对这样的问题,你怎么回答?

有人会这样回答:"我受佛祖的感召来的。"言外之意是,你敢打我吗?我把佛祖搬出来了。结果大法师两只手抡棒子就打下去了。为什么?因为这句话他完全没有面子了——他修行了几十年,佛祖都没有给他感应;你还没修行,佛祖就给你感应了,看你头破不破?

当然,这只是个笑话。

实际上,这个问题只有一个答案,没有第二个——"我受到大法师的感召来的",这句话能讲到对方的心里去。所以,什么叫中国式沟通?就是讲到对方"打"不下去,讲到对方没辙。

有人会问:大法师会不会认为这是在拍马屁?肯定不会。因为这不叫作拍马屁,这叫作"马屁味道"。中国人擅长制造"马屁味道",很多人也都喜欢"马屁味道",而实际上却真的很讨厌马屁精。

判断一个人是不是在拍马屁还是要看动机,看看他是否存心拍马屁。必须说明的是,中国人是无法讨好的,因为中国人太敏感。中国人的警觉性非常高,而警觉性高的人,他们的疑心往往也是非常重的。

上级交办的事情要接受

人与人之间讲话只有一个诀窍，就是要讲到对方听得进去。所以，跟上级交往要记住一点：上级永远是对的。但是，如果这个方法行不通怎么办？我给大家讲个故事。

乾隆皇帝对刘墉说："你去死！"那个时候君叫臣死，臣不得不死，可刘墉照样没有死。

刘墉领旨后就开始动脑筋怎样才能不死，于是他把自己泡在水里面，泡得全身都湿透了，然后又出去见乾隆。

乾隆："我叫你去死，你居然敢不去死！"

刘墉："我去死了。"

乾隆："你骗我，你去死了，怎么又回来了？"

刘墉："我去死了，但被一个人骂回来了。"

乾隆："被谁骂回来了？"

刘墉："屈原。屈原说，他是碰到了坏皇帝才自杀的，刘墉碰到这么好的皇帝好意思自杀吗？所以我就回来了！"

乾隆："回来就好。"

刘墉讲的话"马屁味道"很足，但绝对不是拍马屁。那么，是不是刘墉比和珅拍马屁的水平更高呢？并不是。刘墉不是拍马屁，前面讲过，要看讲话人的动机，要看他是否存心拍马屁。

有人问：如果我的老板说任何事情我都说好，但真的有问题了，该怎么办呢？

那就过10分钟、20分钟后，再去告诉老板存在很多困难，他自然就会改变。关键在于：千万不要去改变你的顶头上司，你要想办法让他自己改变。他自己改变会很有面子，你去改变他，他丢了面子，就会很生气。

所以，正确的做法是：明知道办不到，你也要说好，回头再讲办不到，老板就会说"那我们改一改"。改了之后，跟你的想法一样，但你一句话都没有讲，只是推着老板在改变而已。

有些人只相信自己，绝对不相信别人。所以，我们要做的是启发，是向上启发。要和上级处得好，让他照顾你，但是你不能讨好他，这是最要紧的事情。你讨好上级，他会把你当奴才，可是人不能做奴才，人一旦做了奴才，事情就毫无转机。所以，很多干部到最后被老板当成奴才，自己也要检讨。中国人最妙，听话的被叫作奴才，不听话的被叫作叛逆。

做下属的要做到好像听话又好像不听话，说不听话又很听话，说听话又不听话，这样，上级才会喜欢你。其中需要把握一个高明的技巧：在什么时候该听话。如果正好反了，就需要运用外圆内方的原则了。

难以领命的事情不能做，也不能说

一个敏感的问题：上级叫下属去做违法的事情，怎么办？

我们的原则是：第一，不可以做；第二，不能说。

现在很多搞管理的人都说："你要勇敢地说出来。"这是在"害人"。

如果上级让下属做违法的事情，这个时候能不能勇敢地说出来呢？

我认为不能说。

第一，你按上级的要求去做会坐牢；第二，你要是说出来，就没有人敢用你，因为你是个"定时炸弹"。一个人要善意地理解自己的上级：他不知道这件事是违法的，才会叫我去做，他不是故意的。这是下属最基本的修养。

所以，上级叫你做违法的事情，你不仅不要去做，而且也不要去说。你不说他不问，什么事情都没有了，事情就不了了之。这是最简单、最聪明的做法。

研究实际情况，有问题提出来试试看

如果上级有意叫下属去做违法的事情，你不做，他自然就会提高警惕：这个人不会做，就不要再去找他，叫别人做就好了。事情也就化解了。

这就是我们一再强调的大事化小、小事化了，化解问题于无形之中。

如果上级问你："那件事怎么样了？"你不能告诉他那是非法的，因为他接受不了。你要说："正在找法定的依据。"这是一句话两面说。你表示到现在还没有找到依据，看他怎么回答，他的回答体现了他对这件事的真实态度。

第一种情况：如果上级说"没有找到法律依据，你不能做"就表示他是没有恶意的，只是不太了解情况。你要跟他说明："找是找到了，不过可能都跟我们的想法相抵触，真的去做就是违法了。但是，您如果叫我做，我还是会去做的。"你把话说得既委婉又明白，他会说："你可别开玩笑，千万不要做。"

如此，事情虽然没有做，上级还是很愉快。说到底，违法的事你还是不会做，只是做人情给他，让面子给他而已。几次沟通下来，上级会比较赏识你的。

第二种情况：如果上级说"不管有没有法定依据，你都要去做"，说明他是存心的。

对此，我们还要问个为什么。为什么每次违法的事情上级都叫你去做？就是因为你很习惯做这些事情。他为什么不去找别人？因为他叫别人做，别人不肯去做。

那么，上级的话到底对不对？

上级的话永远是对的，但有些事你如果做不到，一定要去跟他沟通，慢慢让他自己改变，向上引导，千万不要试图改变他。

作为下属，要帮助上级避免风险，不要做错误的决定，不要违法，不要得罪人，这也是我们做人做事的基本出发点。

有问题请上级拿主意

一个人的能力终归有限，而且能力也有大有小，针对上级分派的任务，如果某件事情你确实办不了，要不要跟他说呢？

你一定要告诉他，否则他会更生气。

我的经验是：告诉上级才是上策。有问题要及时向上汇报，让上级自己拿主意，隐瞒和拖延只会让事情变得更糟。

"让上级自己改变主意，是不是非常难的事情呢？"做下属的人经常这样问我。我说："其实很容易，真的很容易。"

上级叫我找甲和乙一起做事。我明知道甲、乙两人是死对头，但是不说破，我会说"好"。过一会儿，我就会回来跟老板报告："糟糕了，他们两个在吵架，我都不知道怎么讲，我等等再去。"老板说："你还去干什么？这种情况你还去？找别人啊！"你看，老板马上就改变了。

你千万不要直接说："他们两个关系不好，吵过架，所以我不找他们。"老板说："哪有这回事，他们吵是因为别的事情，你去找他们。"如此，又回到了原点。

向上级汇报，是要让他了解情况，同时也要看看他的反应，由此，我们就能做到知己知彼，心中有数，掌握主动权。

必要的时候，可以通过一定的技巧使上级改变主意，适当地控制上级的反应。这一招不能用得太狠，也不要轻易使用。适可而止，才会获得别人的尊重；如果用得太狠，什么东西都算得很精，所有人都会怕你。

所以，中国人不能精明，而是要聪明，聪明而不外露，一旦外露就叫作精明。

为什么中国人都要装糊涂？越聪明的人越是要装糊涂，不聪明的人才会彰显他很聪明。

大智若愚、难得糊涂，正是这个道理。

察言观色，心中有数

一方面，掌握察言观色的技能至关重要，能及时提取有效信息，做到心中有数，对各项事业的开展均大有裨益。

在管理的过程中，要做到高层，就要达到这个境界：什么事情一眼就能看出来。

我认识很多高管，他们就是靠两只眼睛吃饭的：一个客户走进门来，他们就知道这个人会不会杀价；另一个客户进来，他们就知道这次会不会成交。但他们要表现得不知道，更不能说出来，因为如果让对方提前知道最后可以成交，就做不成这笔生意了。

当一个人出现在你面前时，已经把内心的决定透过眼睛表露出来了。孟子讲：看一个人要看他的眼睛，人的全身都会伪装，只有眼睛是真实的。眼睛被称为"心灵之窗"，就是因为人所有的内心活动都能透过眼睛诚实地表露出来，看眼睛就能明白一个人的意图。于是，我们才知道为什么有的中国人要修炼得两只眼睛麻木没有情绪——老到的人的眼睛没有表情，有表情就"泄露天机"了。

所以，职位越高的人，眼睛越没有情绪，让人猜不透他在想什么。

通过观察眼睛把人的心理活动搞得清清楚楚，天下大局就在你胸中。

另一方面，我们对上级其实也是透明的。

外国人的性情比较单一，他跟上级相处就比较容易；而在中国，跟上级相处的难度就要大得多。

外国人很单纯地讲权利和义务,制度规定了向谁报告就向谁报告,不在乎他是什么样的人。中国不是,很多情况下,规定向谁报告,我们偏不按规定汇报,就要跟另外一个人报告。

有些人的眼睛是一直往上看的,看上面哪一位干部最得老板的欢心。如果是甲,就向甲报告,即使乙是他的顶头上司,他照样不理,不按制度规定,不管对与错,只看对自己是否有利。

第九章 下属工作做不好，上级有责任

作为上级，在和下属相处中处于主导位置，所以，是否能形成良好的上下级关系，往往更多取决于上级。作为上级，该如何与自己的下属相处呢？

指派工作是考验上级的能力

上级最看重下属什么？是他的工作做得好不好。一个组织的各种活动离不开具体工作的推进。干部工作做不好，老板最伤脑筋；员工工作做不好，干部是最发愁的。

下属事情做不好是谁的责任？是上级的责任，是因为上级指派工作不合理。

就好像老师给学生布置作业一样，老师布置的作业全班同学都不会做，这就是老师的问题。老师一定要会衡量学生的能力和时间，布置的作业要保证全班同学都能按时全部完成。

干部也是一样，你有6位下属，要对下属的能力、水平一清二楚。分配给甲挑50担，因为他能够挑50担；只给乙挑20担，因为他只能挑20担。你不可能给所有下属同样的工作，否则就表示你不识人。给予不同的人不同的任务，这叫作知人善任。如果一个干部有这样的认知，指派工作就比较慎重。

指派工作是考验上级有没有领导能力的一个很重要的指标，要慎重。这个人不喜欢说话，你偏要派他去沟通，这是自找死路；那个人很喜欢说话，你派他去谈判，还是死路一条——他一直说却不肯听，谈判的工作是先沟通，再谈判，光说不听，能行吗？

指派工作要根据每个人的个性、习惯和能力进行综合考虑，这叫作量才适用。大材小用不行，小材大用也不行，一定要量才适用，才能体现出上级的本事。

适当分派工作，还要跟踪指导

上级指派工作后，一定要及时跟进，也就是所谓的过程管理跟踪。现在许多管理过程都缺乏这个环节。

例如，你分派某人去蒸馒头，某人说"没问题呀"。然后他没有蒸，你也没有再过问，等到吃的时候，他说："哈哈，我忘记了。"你能把他怎么样？

最后还是当干部的倒霉：大家饿肚子，你得担责任。你为什么不跟踪呢？

"跟踪"是做好工作必不可少的一个重要环节。分配工作后，要派人去看看某人到底有没有在蒸馒头，有，就放心了；没有，就再找一个人去问他为什么不蒸。这就是跟踪。

所谓"跟踪"，实际上是分派工作之后要跟进检查：确认下属有没有在蒸馒头，或者他蒸得对不对，发现问题要及时处理，避免最后"开天窗"。

作为上级，不要自己直接去找当事人，要派人去告诉他应该怎么做。最后，还要嘱咐派去的人说"你不要说是我说的"，至于被派去的人怎么说，要他自己斟酌。

其实，我们经常碰到这种情况。逻辑是这样的：我告诉你，你不要告诉别人。中国人一向如此，这是在告诉对方：你要自己去调整，调整到合适的度，说与不说你自己定；你要说，所有责任你自己去负，不能赖在我头上。

把上级的话直接传给下级，这是不称职的干部；把下级的话直接传给上级，这也是不称职的干部。但是，西方的管理学理论是提倡这种做法的。

中层干部的职责本来就是上通下达，否则就是失职。但是上传下达，要有转折，不可以赤裸裸、直白地转述。干部应该有这种警惕性，应该明白事理。

干部要真正承担起承上启下的作用，懂得变通，将上级的话加以修饰，转换成下属能接受的方式进行传达。

老板和员工要好聚好散

在西方，如果要辞退员工，到星期五老板就直接告诉他下个星期不必上班了，所以星期五又被称为"黑色星期五"。而晚上老板和员工在超级市场见面时，还可以做到"Hello，Hello"，像没事儿一样。

在中国，当老板的要开除员工，绝不会直接让员工走人。其实，每一个老板都有权力开除员工，但是没有一个老板会轻易开除员工，他知道这样做有后遗症——麻烦。

老板犯不着自己去做，只要让员工的顶头上司来处理就够了。

主管："甲很好呀，工作能力很强，责任心很强。"

老板沉下脸："真的是这样吗？"

主管："其实不是这样的，他做事一团糟，这样不好，那样不对。"

中国人随时在变。老板脸色一变，主管也就跟着变了。

老板："原来你知道他有这么多问题，我还以为你不知道。既然知道了，你留他干吗？叫他走，但不要说是我说的。"

在中国，很少有老板敢轻易辞退员工。

有人会问："如果一个老板让干部去开除员工，那不就是把危险转嫁给这个干部了吗？"是这个道理，但结果是不是危险，还要看干部怎么做。

那么，作为一个中层干部，是否应该背负这个风险呢？按道理说，干部的一

第九章 下属工作做不好，上级有责任

个重要职责就是替老板承担一些责任，或者说替老板挨骂。但是，现在太多的干部是不想背负这些的，他会偷偷地对员工说："不是我不要你，是老板叫我开除你。"要我说，这种干部完全没有良心。

干部的正确做法其实也很简单。

干部："你对现在的工作满意吗？"

员工："很满意。"

干部："你觉得满意，但是有人对你不满意。"

员工："谁呀？"

干部："我也不知道，我只是听说，而且是最近才听说的。你如果觉得你满意，那为什么人家对你不满意啊？"

这位员工就开始讲原因了。

干部："既然有这么多事情，你还觉得你对工作满意吗？"

员工："我不满意。"

干部："那不满意没有关系啊，我给你调一个部门就好了。"

员工："我不要。"

如果员工坚持不调部门，僵持之下，干部要表现出挽留员工的姿态。员工会说："那我干脆辞职算了。"

干部："大家在一起好好的，怎么可以辞职呢？"

员工："不行，我非辞职不可。"

第二天员工就辞职了。

中国人确实是有这样的特点：你越留他，他跑得越快；你一同意，他就翻脸。我劝告过很多老板，干部向你辞职，绝对不要批准太快，那样的话他完全没有面子，想留都留不住了。

一家公司的人员流动非常快，老板很着急，就请我去了解情况。我调查后发现，出现这种情况只有一个原因：员工辞职时，领导批准得太快了，所以大家都走光了。因为有该公司的员工跟我讲："早上才辞职，下午就批准，那不就是等我们走、逼着我们走吗？干脆都走了算了。"

因此，老板们一定要记住：好聚一定要好散。如果不想要一个员工，你一定要挽留他，留到他自己走，让他很有面子地离开，结果就皆大欢喜；让他没有面子地离开，老板就被动了，他会到处给你"搞破坏"。

下属工作做不好,是"不能"还是"不为"?

下属做不好工作,老板不想开除他,而是希望他能做好。在这种情况下,身为干部该怎么做?

孟子讲得好:一个人做事做不好,有两种情况,一种是"不能",另一种是"不为"。

如果一个人真的不能干,很容易解决,去训练他、培训他,不久就能出成果。但是,他能干却不做,"不是不能也,而是不为也",作为干部,要具体分析下属能干却不情愿干的原因,从而对症下药,解决问题。

"不为"的原因

员工不做事有三种情况：不肯做，不敢做，不愿做。作为干部，如何判断他到底是哪种情况呢？

很简单，如果他平时工作做得很好，而此时不做，就是不愿做。

我们一定要分析他不情愿做的原因。第一，他可能觉得委屈；第二，可能是做了半天，却连一个口头的奖励都没有。中国人很有意思，也很矛盾，你奖励他，他会说不需要奖励；你不奖励他，他又要说为什么没有奖励。

中国人的特性是相当矛盾的。西方人很单纯，用"有没有信用"就把人分开了，但是不少中国人，有时候很有信用，有时候却很没有信用，无法做简单区分。你不让我做，我就是要做；你要让我做，我偏不做。这就是一部分中国人的矛盾特性。

当干部发现员工不愿意做工作时，要分析原因，需要明确是激励机制不足，还是有其他的原因。

一般情况下，除了激励机制不足，中国人最在乎的就是自己在他人心目中的位置，在乎自己在他人心目中的分量，这是外国人始终没有办法理解的。最典型的事例是情侣吵架，吵到最后，女孩子哭的时候一定会讲一句话："我到现在才知道，原来你的心里根本没有我。"言下之意是别的都没有关系，但你心中没有她就不行。

安抚好能干、耍大牌的下属

一个能干的人，往往非常在乎自己在上级心目中的地位。只要发现上级心中没有自己，他就不干了。敢这样做的人都是有"两把刷子"的，俗话说，没有三两三，谁敢上梁山。这个人表达不满采取的行动就是三个字："拖死狗"——不辞职、不做事情、你讲什么都不听。而如果上级要开除他，所有人都觉得开除这么能干的人会影响员工的情绪，很令上级为难。

事实上，越能干的人越喜欢耍大牌。手下有这么一个人，作为上级该怎么收服他？该如何让他心甘情愿来给你干活呢？这非常考验上级的管理水平。

如果我是领导，我会到"大牌"下属的家里去看他。我一到他家，他全家人都紧张："你看，搞到领导都来，可见你平常不守本分。"家里人会给他压力，但我一定说"没有什么事"，而我越讲没有事，他就会越紧张。

对这样的下属，我会拍着他的肩膀说："我告诉你，我不会看错的，我知道我们这个团队所有人里面数你最可靠，数你最有能力。我不会看走眼，你不要以为我不会看人。但是，我如果捧你的话，所有的人都要打击你，你会划不来。所以，我会在众人面前贬你，但是私底下会捧你。我现在让你选择，你是让我在公开场合捧你，还是让我在公开场合贬你？"下属说："最好贬我，我比较安全。"我会说："那不好意思。"第二天他一定好好干，干得比谁都好。这就叫作"请将不如激将"。

如果领导以这种态度到下属家里去，下属肯定是肝脑涂地，什么都愿意干了。其实这种做法是有传统的，刘备三顾茅庐就是最佳的诠释。

这种做法叫作"拍肩膀"，不仅需要一定的技巧、方法，更需要的是胸怀。作为领导，胸怀要非常宽广，一定要舍得让下属表现。

现在到下属家里去的上级已经很少，但作为上级，应该到下属家里去，这样做就等于把人事部门放到下属家里面——有人替你天天看着他，比什么都管用。另外，上级去看下属，他全家人都会感动，也会给下属压力。

这就是我们所讲的制度外运作，既有好制度，还需要"软件"配合。

不过"拍肩膀"的方法虽然"惠而不费"，却不能常用。适当的情况下，还是要给下属加薪。10次"拍肩膀"，要有1次加薪才能起到真正的激励作用；10次"拍肩膀"都没有加薪，到第11次再去拍的时候，就会被下属识破，这个办法就失效了。

有智慧的领导，是这样用人的：精神一定要配合物质，不能嘴巴讲讲就算了；但是物质是无底洞，不能一直给。所以，有时候我们"拍肩膀"是很管用的。

第十章 正确处理下属的越级报告

第九章我们探讨了上级对待下属的一些普遍原则和做法，但有些干部还会遇到一些比较棘手的情况，比如下属越级向上级报告自己的不是或者其他情况。作为干部，遇到这种情况该怎么处理呢？

越级报告为非常态，不是常态

越级报告是职场中非常常见的现象，但并不是好现象。之所以出现这种情况，多半是因为上下级之间的沟通不畅。越级报告是一个非常态，而不是常态。

举个例子，甲、乙、丙三个层级间的汇报关系如图10-1所示。

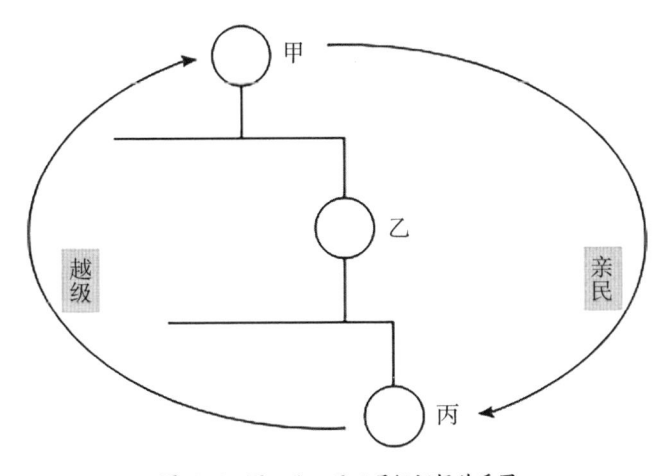

图10-1　甲、乙、丙三层级汇报关系图

甲是总经理或者是老板，乙是中层干部，丙为基层员工。

甲如果直接去找丙，在中国人看来没有问题，这叫作亲民。而在西方，这叫越级，按规定甲应该只找乙，乙才能找丙。

如果丙直接找甲，这种行为就被称为越级。在中国，总经理随时可以找全公司的任何人，这时没有什么层级观念，也不需要层级观念。可是，底下的人一定要层层向上汇报，必须走这个过程。

所以，丙一般不会主动去找甲。原因是，丙如果直接去找甲，所有人都怀疑他去打小报告——要不然他怎么会去？

丙到甲的办公室去，一定是甲要找他，否则他不会去。

正常的流程是：总经理甲找丙，丙一定要事先向他的顶头上司乙报告，要请示顶头上司，得到理解和许可才可以去。如果丙没有将此事报告给上司乙，马上就去见了总经理甲，大多数人都会怀疑他是总经理派来基层"卧底"的，谁还敢和丙共事？这是东亚社会独特的职场文化环境。

处理越级报告的是与非

在面对越级报告时，该怎么处理？请看以下两位总经理不同的处理方式。

总经理A很仔细地听了员工的报告，然后亲自去处理。这种做法大错特错，因为以后所有干部都没法做事了。一是没机会说话，二是没机会做事，因为总经理自己就做了。

总经理B听了报告后说："丙，你去告诉乙，不要告诉我，按照层级来。"这种做法也是大错特错。因为丙和乙之间存在沟通障碍，不得已才找总经理报告。而只要甲不许可下属越级报告，直达上层的沟通渠道就被阻断了，将会造成恶劣的影响。

如果干部一手遮天，垄断所有沟通渠道，总经理就被架空了，如此，公司是要出乱子的。

面对这种情形，让我们先来看外国企业的做法。

西方人要么就是层层皆知，谁都不可以例外；要么就是开一个公开听证会，让所有人都来抱怨。

日本人会开辟出一个房间，把老板扎成稻草人放在房间里，然后让受了委屈的员工去打——只要将怨气发泄出来，员工就能好好工作了。

但这些做法在中国行不通。

中国人的心理是这样的：只要总经理亲自处理了越级报告的事情，干部就统统心灰意冷——自己没有做错事，可总经理坐上了"直通车"，还要干部做什么？于是，干部就开始讨好员工，久而久之整个公司就会被搞垮。

我当秘书时，经常会把在公司里看见的事情报告给总经理，这其实就是打小报告（这种事在有的公司一定要做）。面对同一个"小报告"，中国的总经理马上问："谁说的？"而西方的总经理则会马上拿起电话叫那个人来，让他们当面对质，这种做法导致的后果是：从此以后，下属什么都不向老板报告了。

西方人可以做当面对质这种事情，但中国人不能，只要把"打小报告"的事情暴露出去，就再没有人向上报告了。

认真倾听，但不必亲自处理

一个有智慧的领导面对越级报告时，要替打越级报告的人保密。现在，有的领导常常把打越级报告的人透露出去，这种做法是不可取的。

一个人肯打越级报告，是冒着一定程度的风险的。除去职场新人，一般情况下，很少有人会直接越级报告。正因为正常的渠道走不通，员工才会越级。其实，中国人并不喜欢越级报告，因为风险太大，搞不好会断送自己在公司的发展前途，只是迫于无奈才行此举。可能的情况是：丙讲了几次乙都没有回应，乙的漠然置之、无动于衷，使丙迫不得已才越级向甲报告。

此时，甲唯一的办法就是替丙保密，而且要认真、仔细地倾听，了解事情的来龙去脉。不过，有一点需要特别注意：尽管丙的出发点无可非议，但是其对于事情的说明毕竟属于一面之词。所以，领导对于越级报告不可全信，要持保留态度。

对越级报告，领导无须亲自处理。亲自处理既费力不讨好，又会让下属心灰意冷。甲听完后要告诉丙："谢谢你告诉我，不过你还是要去告诉你的顶头上司，我会暗中监督他处理的。"

静观其变，无为而治

丙按照甲的吩咐向他的顶头上司报告之后，甲还应该怎么做呢？

此时甲要静观其变，因为不久之后，乙一定会找甲解释，他一定会找很多理由。甲要说："没关系，你去处理好了，你处理事情向来都很有把握的，这种小事情还难得倒你吗？"

甲给予他信任，乙就会更加认真地做。如果一开始甲就指示乙应该如何处理，乙可能会有抵触情绪。

针对越级报告，一个会做领导的人应该静观其变，无为而治：好像什么事都没有做，但是其实什么事都做了。就如同中国象棋中的将和帅一样，以静制动。这就是孔子讲无为，道家也讲无为的道理，无为是更高级的智慧。

一讲到无为，很多人都很不以为然：我就是要大有为，怎么可以无为？

但实际上，一个要大有为的人一定要先懂得无为，才会大有为。

《西游记》里面最能干的是孙悟空，但是孙悟空不是领导。

有很多领导很能干，很有个性，我开玩笑地讲："你很能干呀，你像孙悟空。"他们很高兴。我又说："回去看看，你的干部统统是猪八戒。"他们就很不高兴。可是，过后他们会打电话给我说："曾教授啊，你没讲我还真的没有注意，你一讲我回去注意看，果然我的干部统统是猪八戒。"

什么道理呢？因为只有猪八戒才会跟孙悟空。如果老板都像孙悟空那么能干，凡事亲自处理，人才就会统统跑光，留下的都是奴才，老板就会很辛苦。

很多人觉得，做得了孙悟空的老板才是好老板，可为什么唐玄奘能当老板？

唐玄奘什么也不会，但他就是老板；孙悟空神通广大，却只能当徒弟。所以，老板要如何成为唐玄奘，干部如何成为孙悟空，这是我们要去研讨的问题。

认真与下属沟通

自己的下属越级向上级报告，作为中层干部应该怎么办？

越级报告是沟通不畅的结果，哪里堵塞了，哪里就要疏通。中层干部要先反省，厘清沟通渠道，解决后患，才能和下属和谐相处、愉快共事。

首先，干部要检讨自己。这一点我们应该学学孔子，从自己身上找原因。干部一定有做得不好的地方，才会使下属干出越级汇报的事。要是好好的，他直接报告给自己就好了，为什么非要冒得罪自己的风险去越级汇报呢？

其次，一定要查出是哪位下属报告的，并问清楚原因。比如，乙对丙说："是不是我哪里做得不够好？有什么地方需要改进，还请告诉我。"于是丙会告诉你，他是不得已的。你要诚恳地对他讲："没有关系，你以前讲了几次我都没有听清楚，但现在再讲给我听听，大家好好想想怎么处理。"

最后，作为中层干部，我们不能刁难越级报告的下属。面对这种情况，干部应该直面问题，不能对越级报告的下属发脾气、耍权威、摆脸色，应诚意改正错误，与下属好好沟通，并积极地与下属协商，共同找到问题的解决方案。在这个过程中，你的工作态度、所作所为也会得到领导和下属的谅解和认可。

事情得到妥善解决后，很多中层干部都会有这样的担忧：是否会给基层员工造成错觉——以后的事情不必找中层干部，直接找老板更好。

其实不必担忧。中国人不喜欢惹事，迫不得已才会冒险，越级报告是无奈之举，且需要承担风险。大家都喜欢走正常渠道，正常渠道不畅通的时候，才走非常渠道。

作为中层干部，要让你的下属感觉到，你这儿的渠道是畅通的，让下属愿意与你沟通。下属如果不肯跟你沟通，你就要多用心，在工作和生活中经常关心、照顾他，拉近彼此的关系，他就会愿意与你沟通。

各居其位，各自修炼，各安其所

对于越级报告的员工丙，他应该如何自处？

丙在什么样的情况下可以去越级报告呢？一定是多次和乙沟通都没有成功，丙无可奈何才越级报告的，会获得其他人的理解和同情。

事实上，就越级报告事件而言，甲、乙、丙这三个人中，丙需要承担的风险最大。

如果我是丙，我既不会越级报告，也根本不会再去找我的顶头上司，因为我知道我的话他听不进去。我会找顶头上司的助理谈："你跟我们的上司比较亲近，很多事情你知道什么时候讲，也知道该怎么讲，所以我现在把这个情况向你报告，你能讲就讲，不能讲就不要勉强。"

助理一定会帮我去讲，因为他要表现他的能力。如果我通过他解决问题，就会相信他的能力，就会给他面子、尊重他，他无论如何都会帮助我跟上司讲通。

有经验的人都知道，秘书、助理虽然职位不高，但千万不能怠慢、得罪。我是当过秘书的人，知道秘书为什么不容轻视——他们要"整人"太容易了。

如果你跟秘书过不去，他不替你送文件，就摆在那里，等老板心情非常恶劣的时候再传进去，老板会马上叫你过去训话。所以，如果老板发脾气的时候总找你，就要想到这个原因，这是非常容易明白的事情。

秘书要想帮你忙也很容易，他会等到老板心情很愉快时，把文件放在手上跟老板谈，谈到老板高兴时再递上你的文件，老板签字就会比较痛快。

在这里，我们再次重申一个原则：各个阶层的定位不一样，扮演的角色不同，不能一概而论。基层的人要去磨炼自己的一套功夫，琢磨怎样把基层工作做好；当干部的人要有一套功夫，明白怎么样承接上下；当老板的人也要有一套功夫。

各居其位，各自修炼，各安其所，方为正道。

第十一章 上级越级指示下属要回应

在第十章中，我们了解了基层员工丙越级向甲报告时，甲、乙、丙三方的处理办法。那么，甲如果越过丙的顶头上司乙，直接向丙做指示，各方该如何来回应呢？

上下够不着，中间最难受

作为中层干部，上司越级指示你的下属，你是最难受的。

再仔细看一遍图10-1，面对越级这种情况，乙没有办法，虽然心里不舒服，但也不能去反对这件事情，因为反对最后吃亏的一定是自己。

乙："不对啊，你有事情应该找我才对，怎么直接找到我的下属呢？"

甲："我怎么没找你？我找你了，你不在，不晓得跑到哪里去了。我不骂你是好事，你还讲什么？"

这时候，乙就会一直处于"被动挨打"的位置。

不仅如此，乙还要承受由此产生的其他的压力。

甲直接找了丙后，他还会回头再问乙："那件事情怎么办呢？"如果乙反问："哪件事情？"甲会很生气："你什么都不知道当什么主管啊？"这就是最奇妙的地方。

甲直接指示丙做事，但又回头来问乙事情的进展，意图考验乙的领导能力，看他是否掌控得住自己的下属，下属干什么，他是不是都知道。

乙是不可能避开这种状况的，所以一定要想办法去处理。

不抗议，不询问

作为中层干部，乙必须想清楚的是：第一，自己无法避免这种问题，所以不必抱怨，抱怨不能解决问题；第二，自己不要去怀疑甲，因为甲不一定有恶意。中层干部既不可抱怨领导，也不可硬压下属，和婉的态度会使双方都受益。

即便甲可能是恶意的，是故意兜圈子，想考验乙的管理能力，这也是无可厚非的。但也不排除另一种可能：甲不是故意的，他真的先找了乙，乙不在，而他又很急，没有办法等，就直接指示给了丙。甲觉得丙应该会跟乙报告，可是丙不一定报告。问题的关键还是在乙，乙要做到让丙愿意跟自己报告。

如果采取直接通知、命令的方式，把所有下属叫来说："以后凡是大老板直接交办的事情，都要让我知道，不然我怎么当主管？"丙嘴上一定讲是，但心里头还是不服气，他照样不报告。因为丙会想：你不如直接去问大老板好了，你干吗问我呢？你不敢去问大老板，吃柿子专拣软的捏，我更不服气，我就是不理你。

所以，对待中国人，用强制的手段常常没有什么效果，我们是吃软不吃硬的。

夹在中间的乙对上、对下都很无奈，只有一个办法可以解决问题。

乙可以把下属找来说："老板是公司的老大，他可以找我，当然也可以找你们，这没有什么问题（这些话可以先把老板稳住，假如老板对干部不满，他一定会派人留意干部的情况，这一点要防患于未然）。以后凡是老板要你们做的事情，你们去做就是了，根本不用告诉我。因为你不告诉我，工作是要做的；告诉我，也是要做的。"

此时，每个下属心里都会产生一种期待，希望乙给他们一些指示。

乙这时应该接着这样说："不过，我们话讲清楚，需要我负责的，你一定要告诉我，我到时候才会负责；不需要我负责的，千万不要告诉我。"

这样沟通的结果是：凡是甲直接找过的，每个人都会告诉乙，因为他们不愿意负责，告诉乙就可以由他承担责任。

乙要和丙达成共识：甲交代丙的事情，丙告诉乙的，乙都替他担待。丙做得不好，乙会给他指导；丙有什么疏漏，乙替他弥补。假设丙没有告诉乙，其实乙也会知道——中国人是无所不知的，但是乙会假装不知道，让丙自己去承担责任。一次教训以后，所有的人遇到这种情况，都会乖乖地向乙汇报。

这叫作事先防范，关键在于要让下属看清楚来找你的好处和不来找你的坏处。

乙并不要求丙把甲找他的事情统统告之，因为有些是老板的机密事情，我们不需要知道，也不应该知道，知道太多机密，并不一定是好事。

这个道理就是"开关原理"——该关的时候关，该开的时候开。所以，我们不必要求下属事事汇报，老板找他要做什么都不重要，需要时他会主动告诉你的。

教训与宽容并举

如果丙一开始没有给乙报告，但是后来他自己处理不了，再来找乙，乙该怎么办？

我的答案是：乙完全不要理丙，不仅要装作不知道，而且还要对丙说："如果你早让我知道的话，一定不会是这样的。"

有人会问：丙现在已经来找乙，表示他已经"投降"了，乙为什么还要这样对待他呢？

因为一个人到了有难的时候才去求救，是没有人会理他的。中国人讲的是平时多烧香，而不是临时抱佛脚。

乙的这种处理方式，大家会不会觉得乙记仇、小肚鸡肠呢？我认为，这就叫作"善门难开"。有些人会因经不住丙的请求而帮他，这种人是滥好人。滥好人是最吃亏的。

西方人的处理方式和我们不一样，遇到类似的情况，只要对方一道歉，大家就接受了。但对有些人中国来说，道歉是没有用的，他嘴上说着道歉，其实心里并不认为自己有错，只是走投无路了才来示好，所以这样的人不应该轻易原谅，也不应该随便帮助，只有足够痛才能让他记住教训。

乙不愿意帮丙善后，会产生什么影响？

对丙来说，这是一次深刻的教训。至于这件事的其他影响，就要看看大家的反应了。如果大家也赞成乙的做法，在旁边看笑话，说明丙平常为人有问题，今天是自食其果，要好好反省；如果大家觉得乙这样做对丙太残酷，他们会私底下来劝乙帮忙善后。此时，乙就可以对丙说："好，既然大家都帮你忙，我这一次就帮你，不过没有下一次。"这种做法是给大家面子，做事留有余地。

管理中，该教训的时候不要手软，该宽容的时候不要吝啬，教训与宽容并举，缺一不可。这个度很难掌握：你心一软，以后就没有办法带人；心太硬了，也达不到最佳的效果。

中国人表面都很客气，其实内心相当绝情——狠起来的时候，旁人几乎没有办法劝他。

所以，我们要做到不要让人家翻脸，因为大多数人是承受不了那种后果的。

做事要留有余地

做任何事都要留有余地

那么，在什么情况下甲可以直接去找丙，而又不会让乙不高兴呢？

我认为，甲只能偶尔做一下这种事情，而且目的也应该很明确：

第一，考验乙的反应能力。中国人都是这样的，平常多演练，遇到紧急的情况就不怕——心中有底。平常从来不演练，紧急的时候就会措手不及、束手无策。

甲这么做，主要是为检验乙的领导力是否足够，能否掌控得住自己的下属。乙掌控得住，甲就会比较放心；掌控不住，甲就要加强管理了。

第二，故意让乙难堪。因为甲对乙做的有些事情不满意，可是又不能直白地讲出来，借这种方式给他警告。中国人有个法则叫作"交浅不言深"——两个人交情不够，有些话就不能讲，一讲就翻脸。

老板刚刚吃过饭，嘴巴上还有个饭粒，如果你说："老板，你嘴上有饭粒。"他会有两种反应：一是他很高兴，马上就把饭粒抹掉了，心里还要谢谢你提醒他，要不就难看了；二是他很不高兴，心想前几天才讲你几句，你就借故来让我出洋相，这关你什么事！这说明你跟他交情不够——关系不够好，有些话就不能讲。

所以，我们讲话总是要看人。关系比较亲密，什么话都可以讲；关系不够硬，怎么讲他都不听。一切讲关系，要根据关系来决定说话的内容、尺度和方式。

所以，如果我是老板，对方是我的干部，我不能跟他搞得关系有裂痕。有一句话大家要放在脑海里面：做任何事情都要考虑以后好不好见面，要留有余地。做人留一线，日后好相见。

☯ 要学会聆听言外之意

要学会聆听言外之意，这是所有人都要不断修炼提升的技能，不仅适用于职场，更适用于生活的方方面面。

两个人关系搞得不好，以后见面不好说话。有些话不好讲，但还是要让对方知道，因此，有时候上司会通过"搞事情"的方式，表达对下属的不满，敦促下属去发现问题、解决问题。

所以，甲就故意把乙摆在一边，去找他的下属丙；如果乙还没有领悟过来，甲继续把他摆在一边，再去找他的下属。如此往复，乙就知道其中一定有问题，他就会去找甲的秘书打听。秘书也要看乙平常对自己怎么样——对秘书不好，秘书就不会帮他去沟通，反而告诉乙"没事，不必太疑心，也不必想那么多"。乙的沟通渠道就被堵死了。

当听到别人讲风凉话的时候，乙就知道问题已经很严重了。别人会对乙讲：就是那件事情，你没有搞好。乙自己就要想办法解决，去甲面前做一些补救，既不是道歉，也不是说明——说明没有用，道歉也没有用，要用实际行动让对方感觉到你的诚意。这是因为中国人不太听也不太相信人家的话，但会非常相信自己的感觉。

如果我是甲，当我感觉到乙是为那件事情来表示歉意的，就会放过他。我会告诉他："其实那件事情，让你办不如让丙办。我给你，你也比较为难，你转达也不是，你不转达他们更没有办法办，所以我干脆不难为你了，直接找丙。"这些都是面子上的话，而言外之意只是告诉乙：好了，没事了。如此而已。所以，我们要学会听言外之意。

承接越级指示要慎重

作为丙，如果甲越过他的上级乙直接来找他，这时候他应该怎么办？

面对这种情况，丙要考虑，自己能不能负起全部的责任，否则到了痛苦不堪的时候，没有人能挽救自己。甲直接来找丙，丙不要太高兴，很多人就有这个毛病——忘乎所以，最后自己承担不了责任，就会非常被动。

其实甲直接找丙，是在害丙：第一，这会让丙在乙心中留下不好的印象；第二，同事也会嫉妒丙，怀疑丙用了什么不正当的手段巴结甲。所以，很多不按照常理去办的事，都要冒很大风险。

丙要好好想一想：为什么甲会找自己，甲找自己是否要给顶头上司难堪？丙一定要向乙报告，但报告时不能说："有一件事情，我猜大老板是有意给你难堪，所以找我。"讲这种话会有副作用，丙一定要善意、委婉地告诉乙："刚才大老板是来找你的，正好你在忙，他交代我要向你报告。"

这样做人人都圆满，所有人听了都很高兴。传到甲的耳朵里，他都会觉得丙是好人。

即使甲没有说要告诉乙，丙也一定要这样说。因为丙这样说，上司很乐意接受，而且他会感谢你，因为你很会给他面子。

假如你抱怨："老板现在开始跟你有心结了，这种事情应该告诉你，他怎么告诉我了？"结果会如何？你可以试试看。

另外一种情况，丙如果觉得这件事情有关甲的隐私，应另当别论。

小孩子要上学，很多家长就开始打听哪所学校比较好，想办法把小孩的户籍转到好学校所在的那个地区去。所以常常会出现这样的情况：一家里面"住"了二十几个小孩。

甲的小儿子要到丙所在小区附近的学校读书，因为这所学校比较好，所以他直接找到丙沟通。这种事情要张扬吗？应该汇报吗？答案是显而易见的。

对平行同事的越位指示要留心

与乙平行的干部没有通过乙就直接找乙的下属时，乙应该怎样做？

一般情况下，平行单位是可以沟通的，但是你要照会乙："老兄，我有一件事情想请你帮忙。"经过他允许后，直接找丙谈就好了。

可是，如果你不照会乙，直接去找丙，而乙又很敏感，他就会起疑心：丙是不是对方派来卧底的？丙如果是卧底的，那我就给他很多假情报，让他当双面间谍。

假定问题非常严重，下属已经身在曹营心在汉，怎么办呢？乙可以和自己的左右手说："我想把他调到这个部门去。"这是暗示丙：既然你那么热心，干脆过去好了，以后别在我这个部门了。

对平行同事的越位指示，主管不能不闻不问，不闻不问会助长这股歪风——任何事情有风吹草动，而你却完全不处理，就表示你鼓励并赞成这样做；但也不能简单粗暴地制止，因为制止没有效果。老子讲过一句话：狂风暴雨是不长久的。风如果吹得很激烈，往往两个小时就过去了，只有那种和风才会吹一整天。自然界和社会生活都是同理，中国人讲以和为贵、和气生财，就是这个道理。

其实，让丙给其他人透漏假情报的目的是警告他，有些事不要做得太明显；通过左右手警告他，表示你已经知道这个情况。

人在职场，什么都不怕是不可能的。第一个，怕丢掉工作；第二个，怕被冷落；第三个，怕挤不到部门核心里面去。这就是人在职场的心态。而身为领导，我们要深谙下属的"三怕"心理，将其作为磨刀石，"拿捏"住下属的命门。

第十二章 向上级报告应择时机

职场人始终处于上下级的关系当中,我们每个人不仅是上级,而且首先是下级,要经常汇报、请示工作。向上级汇报是在职场中奋斗的每个人都经历过并且还要继续经历的事情。如何做到向上级报告时更主动、更有效果?应该怎样表达?应该注意些什么呢?

尊重领导

讲到上下级，就离不开上下级关系，这是上下级之间第一重要的问题。针对上下级，一直存在着一个误区，因此，我首先要提醒各位，中国的职场没有"人际关系"这种概念。西方的著作中所说的"人际关系"，在中国是行不通的。

在中国，人与人之间的关系是伦理关系。西方所讲的人际关系的基础是我跟你平等——彼此平等才有人际关系，而在中国，尤其在职场上，很难做到真正意义上的平等。试想一下：你跟你的老板平等吗？因为讲伦理，老板没有坐下，谁敢坐下？谁先坐下这些都是有很多讲究的。老板坐下后是经理、主管等，论资排辈，按次序就座。如果你排位在最后却先坐下去，这就是对各位领导的不尊重。

最常见、最明显的例子就是在宴会上吃鱼，没有人敢轻易地去动鱼头。鱼头通常要对着宴席上最年长或最尊贵的人摆放。鱼头对着的人不动筷子，其他人也不宜先吃。鱼端上来一下就夹走鱼头的人会被视为不懂事，前途也会受到很大的影响，因为他没大没小、没上没下。

中国社会是伦理社会，我们更多是讲伦理关系，人际关系并不完全适应中国的职场。因此，我们首先要做好自我修养，对自己的老板要做到礼让三分，起码要让他三分。任何人都不能跟自己的老板平起平坐，也不可能和他平起平坐。这是第一个要确立的法则。

带着方案去请示

我们要确立的第二个观念是，不可以不经思考就直接问上级问题。因为问他问题，就等于把责任推给他。我们只拿着问题去请示，他们心里会很不高兴，他一定会说："样样事情都问我，我去问谁？我要你们这一帮人难道只是吃饭的？"

那么，是不是不管有什么问题都不能问呢？什么情况下才可以问呢？

作为下属不能不问，你不去问，上级就认为你擅作主张。这看起来是个两难问题，有些中国人永远是矛盾的——下属问他不高兴，不问他还是不高兴。

几十年在职场积累的经验告诉我，遇事需要请示时要先说明，然后看上级的反应——看他要不要听下去。

第一种情况：他根本就不想听，这表示他知道这件事，你就不用再啰唆什么。

第二种情况：他完全没有反应，这也表示他都知道了，你也没有必要再说下去了。

第三种情况：他会看着你，很专心地听，这表示他不知道，或者他已经知道但还想听你怎么说。这时，你就接着说你跟某某研讨过，结果是这样的，但是不敢决定，所以提出来请示上级。

这样做，上级会非常高兴，因为你有腹案。有答案不行，因为答案不应该是你提供，而是上级给。这个原则大家要掌握——带着腹案请示上级是向上报告的重要原则。

很显然，没有一个人喜欢伤脑筋。干部整天让老板伤脑筋，要干部干什么？设身处地想想，一个人好不容易熬到领导的位置，成为坐轿子的人。坐轿子的人在里面是要闭目养神的，要思考坐轿子的人该思考的问题。旁边抬轿子的人要抬得让他很安心。如果抬轿子的人一直问：现在要向右拐还是向左拐，坐轿子的不停地看，轿子坐得也不得安生。

一个人不可以不劳而获，但是一定要坐享其成，我们一生的努力就是为了坐享其成。二者并不矛盾。

人可以坐享其成，因为这是你劳动以后累积的"成"。积累这么多的经验，一有风吹草动，你根本不用动脑筋就知道如何处理，当然可以坐享其成了。

如果我是老板，我不允许下属空着脑袋来向我请示。空着脑袋表示下属没有尽责任。你整理出方案，交由我定夺，可以；你空着脑袋来找我，叫我伤脑筋，免谈。每个老板都是这种想法。

所以，作为下属，一定要设身处地替上级着想。遇到问题要了解现状，然后形成方案或腹案，带着腹案去让上级做决定。

报告要分三段讲

讲话不可以一口气讲完，凡是一口气讲完的人，都是惹人厌烦的人。

一个人如果不能在3分钟内把一件事的要点说完，这个人就缺乏沟通能力。经常开会的人都知道，只要一个人的报告超过10分钟，所有人就都不想听了。向上报告，不仅要尊重上司，还要简明扼要。

报告可以分三段。第一段说完，如果上司不想听了，后面就不必讲了，不必浪费时间；如果上司要继续听，就说第二段；上司还要继续听，再说第三段。最后，如果上司留你一起研究方案，说明你的报告成功了，因为他意识到问题的重要性了。

一个下属要想做到在向上级做报告的时候完全心中有数，就要拿出详实准确的腹案来，这需要在汇报前做大量的调研和组织工作。

一个好的下属要做到既让上级不操心，又很尊重上级，两者缺一不可。下属让上级操心，上级就觉得下属不管用；而下属不尊重上级，上级就觉得下属功高震主，就准备把下属"干掉"。作为一名合格的下属，要谨记并善用这两个准则。

发生分歧要调整

常常有这种情况：下属准备的解决方案与老板心目当中可能产生的方案有出入，这种情况下，下属该怎么办呢？

一个会当领导的人，不会让其他人知道他心里想什么，这才是有水平的领导。"我们想到的都很有限"这句话非常重要。真正好的答案，常常是我们没有想到的那一个。

我们最初所想的方案往往不能完全解决问题，这是人类思维的局限性所致。

最初方案的提出，依据的是我们以往的工作经验、所见所闻，具有模式化的成分。因为内外环境随时会变动，同样的问题，每一次都会有不同的答案。所以，作为下属，只要你胸有成竹，就会受到局限；作为老板，只要你赞成下属最初的想法，就会受到局限。

如果我当老板，下属讲什么，我的脸上都不会有什么表情。我会进一步跟他讲："你再想想看，还有没有更好的办法。"想不出来没有关系，"回去再找别人研究一下"，让所有人都去想。想到下午5点要下班了，我会说："还好，明天还有一点儿时间，晚上再想想。"就这样，下属们晚上也不敢不想，一定会加班思考。

通过压的方式充分挖掘下属的潜能，这是老板的用人之道。

好的老板要有用人的度量和能力，最大限度地挖掘下属的个人资源优势，为我所用，做到共赢。

从下属的角度看，如果老板对你的方案没有表示赞成，你一定要再想，实在没有更好的办法就实话实说，这叫作尽忠截至。什么叫作截至？就是你的智慧统统发挥出来了，只能想到这里。老板知道你已竭尽所能了，就会再问别人。各种意见互相碰撞，就会撞出火花来，最终才能形成最好的决策。

所以，为什么中国人能推就推，能拖就拖，只要有时间就不会早做决定？这里面是有智慧的。决定太快，后面的变数谁来负责？中国人常说"到时候再看"，就是说等所有变数都被自己掌握了，就能够做决定了。所以，很多人讲办事要快、快、快，我却不这样看。

也许有些人会讲：有些事情到时候再决定可能来不及。这里强调的是"到时"，对这个"时"的把握非常重要，有时间能拖就拖，没有时间就当机立断。

报告要择时、择机，点到为止

报告是否是上级所需要的、是否能引起上级的重视，取决于你报告的态度、叙述方式及所选择的时间、地点等一系列需要审时度势的因素。

☯ 向上级报告，注意时机

上级打电话给下属："你来一下。"下属去了以后发现上级办公室里有客人，此时下属要谨言慎行，看上级的态度行事，因为你搞不清楚这位客人是在上级的计划之内，还是在其计划之外的。

所以，下属到了上级那里，先跟客人打声招呼，不要自我介绍（不要透漏自己的身份，因为上级还有可能叫你赶快走）。然后站在那边，如果上级让你讲话，他自然会叫你，不必急于表现。

如果上级说："哎，你去倒杯茶来。"那你就要注意，此时客人大概率是上级计划之外的，你一定要赶快去倒茶，倒完之后就先回去。

所以，向上级报告要审时度势，在合适的时机汇报工作，不合适的时间不要汇报，可先行回避，再选择恰当的时间来汇报。

☯ 向上级报告的事情会伤害同事，怎么办

常常有下属向上级报告后坐立不安，因为报告内容涉及某个同事，担心上级告诉同事，自己会遭到报复。

如果报告时口出狂言或者诬蔑他人，那被报复是自找的。可是有些事情我们又不能不报告，不报告会被上级骂，报告了却对自己不利。

有经验的下属报告时会与上级讲："这件事情，我跟某人谈过，他有一点意见，不过我相信他只是现在这样想，很快会改变的。"你要替对方圆一圆场，不要出卖任何同事，这是报告的一个原则。如果你出卖他，他就会"报仇"。

如果同事明明做错事，你又不能不报告，应该怎么办呢？

这时候要报告，但要报告得轻描淡写，点到为止。你要对上级说："他目前有一种想法，不过相信他很快会改过来的，目前的想法也许有他的道理。"说到这里，你还要看上级的脸色怎么样，是不是支持那位同事的想法。你要报告到好像没有报告一样，提示到好像没有提示一样。既尽到了做下属的责任，又没有伤害同事。即便将来同事听到了，你也可以坦然地面对他，你又没说他不好，他改是他的事，不改也是他的事，你不必担心什么。

☯ 主动去向上级汇报需要注意什么问题

你要主动去向上级汇报工作，最简便易行而且有效的方式是跟上级的助理打个招呼："我现在要找领导，报告某件事情方不方便？"你要尊重助理并听取他的意见。如果他说："你现在最好不要进去，领导正在生气。"你一定要感谢他，这样他才会继续帮你通风报信。

如果你更聪明一点儿，把事情委托给助理，让他看机会合适就替你报告，他一定会想办法替你争取。

那么，我们怎样才能确定上级的助理会尽心尽力地帮我们做事情呢？做这种事情要试一试。先用那种无关紧要的事情拜托他，试一下，试到很灵光的时候，表示你们关系不错了，而平常你又没有得罪过他，就可以将重要的事情托付给他。

中国人做事很讲关系的，你越相信他，他越尽心尽力；你越怀疑他，他越给你耍花样。可是，中国人又不能马上就相信对方。我们对上、对下都是一个道理：不能太快相信，也不能不相信。

下属不要主动去找老板

做下属的，不到万不得已时是不太愿意主动去找老板的，好像大家都有些畏上的情绪。这种做法是正确的，老板日理万机，不能随便耽误他的时间。

其实，我们要做到让老板找你，而不要你总去找他。怎么样才能做到让老板找你？这是学问。一个人总去找老板，他会你问："你来干吗？"你会很难堪。如果你说自己有重要事情，他心里会想：重要事情还轮得到你吗？要让老板非找你不可，你就有前途；天天去巴结老板，天天跟着老板走，你反而没有前途。

我们的前途在哪里？在开会。你想，平常老板怎么会注意到你？他根本不会注意到你。可是开会没办法，他必须坐在那里，坐在那里没事干了，只好看每一个人，这是老板会注意到你的唯一时机，你一定要抓住机会好好表现。可是有时候你一表现，你的顶头上司就会打击你，这很矛盾，也很冒险，可是你又不能不冒这个险。

一个人要把握住开会的机会，要表现到让老板对你印象很好，可以主动来找你，但是你的上级不会打击你。当一有事老板就想到你时，你就变成红人了。

第十三章 少向下属做指示

管理是一门极为深奥的科学。

当老板的要少发脾气、少做指示,虽然这很难。十个老板八个坏脾气,这不仅是因为他们有权力发脾气,还因为他们的确很操心。但是,老板要少发脾气,要对发脾气做"火性管理"。

事情没有到最后关头,不要急于做决定,要让大家提出更多的不同意见,这没有坏处。养成让大家多动脑筋的习惯,对老板是非常有好处的。

少发脾气，少做指示

我给很多老板的第一个建议就是少骂人。不是说不骂人，因为那是很难做到的。

一个老板是否有权发脾气，这并不重要，这是个性问题——没有个性很难成为大老板。我所认识的很多大老板在我面前都很客气，都很温和，但我是不会上当的，我知道他已经骂够了，在我面前才会这么和气。这是平衡。凡是在外面脾气很好的，回到公司，脾气都不是很好。

身为老板，应少发脾气，对发脾气要做"火性管理"。

想少发脾气怎么办？就要少做指示。这个是很难的，因为很多人都喜欢发布指示，但是这样非常不利于人才成长和公司长久发展，因为老板所知道的虽然很多，却也还是有限的。

东西方两位大圣人有一个共同的认知：我是无知的。孔子一再说自己无知，苏格拉底也说自己唯一知道的事情就是自己一无所知。我们的头脑是有局限的，所以才需要集思广益，借助别人的头脑、资源成事。一个人要成功，往往要懂得借用别人的智慧。

凡是成功的人，都很少说话。老板一说话，所有人就都按照他的话去做；老板不说话，所有的人都说话，老板就有很多的选择，对自己非常有利。

所以，一个经常做指示的人，就限制了自己的下属。一个很有主见、很果断、随时有主意的人，他的下属统统脑袋空空，原因有二：第一，下属想了没有用；第二，下属不说不挨骂，可一旦说了，万一说得跟老板不一样，就要挨骂，所以下属不再想也不再说，干脆让出整个舞台来，让老板一个人去唱独角戏。

如果一家公司的人才慢慢外流，就等于得了经营上的癌症。所以，老板要让下属表现，而不是自我表现。

老子最高的智慧是四个字：深藏不露。中国人并不是一下子就能接受深藏不露的观点的，心里认可，但是嘴上常常死不承认。有的老板问我，如果讲深藏不露，有能力同没有能力不就是一样的了？此言差矣，没有能力，谈不上深藏不露，因为没有什么好藏的；够分量、有能力、有智慧的人，才有资格讲深藏不露。而且中国人讲深藏不露就是要露，是站在不露的立场上来露。

深藏不露的意思是在该露的时候才露，这个注解非常重要。应该露的时候你不露，人家就看不起你；不应该露的时候乱露，人家就会看你笑话。作为老板，要少发脾气，少做指示，在该出手时才出手，做到胸有成竹、深藏不露。

提出问题，让下属制订方案

我当过很长时间的主管，年轻的时候也常常被搞得焦头烂额，因为我不懂得管理的奥妙。所以，我奉劝年轻的主管，要学一学如何当主管。

人不是天生就会当主管的，像我在39岁以前根本就是稀里糊涂的，却偏偏让我当主管，把我累得半死。直到39岁那一年，我才领悟到，我这样做既糟蹋自己，又不尊重下属。所以，我就开始不给下属任何答案，不做任何指示。

我也逐渐注意到：很多人对上级的指示最多尽力而为，敷衍了事。因为下属越要证明上级的指示是对的，自己就越辛苦；而他们越证明让上级越有信心，以后任何事情都要强加指示，只能形成恶性循环。

中国人很有特点，对上级的指示，下属会尽力而为，可是对自己的承诺会全力以赴。我们要的是下属全力以赴，而不是尽力而为。所以很多人说下属已经尽力了，我认为这是不对的，下属尽力只证明他是做事了，但不一定会出全力，一定要让下属全力以赴才好。

于是，我就领悟到了：上级自己讲没有用，下属只是听听而已，不会百分之百地执行。很少有人会百分之百地按照上级的指示去做的。上有政策，下有对策，做到六七十分就够了，干吗勉强自己啊？这是大部分人的心态。

我由此总结出一个道理：上级要把自己的意见变成下属的意见，让他自己说，他一说，就是在承诺。

此时上级还要进一步问下属："你这样说，做得到吗？目标未免设得太高了。"

下属一定会说："不会！我可以做到。"

上级要继续说："你说得这么容易，我们的资源又不够，人员又有限……"

下属会说："没问题，一定没问题！"

下属言之凿凿地做出了承诺，就必然会全力以赴地执行。

总而言之，上级要让下属去动脑筋，自己要少说、不说，引导下属去挑大梁，充分发挥他们的能力，让他们自己制订出他们愿意执行的方案来。

集众人之智，让下属找最佳方案

优秀的方案往往是众人智慧的结晶，因此要动员下属多思多想，提出不同的解决方案。作为老板，一定要养成一个习惯：一件事情最好多准备几个解决方案。以前我们都认为办法是唯一的，而现在我们知道了，解决问题的方案有好几个，而且最好用的方案很可能是我们没有想出来的那一个。

当老板的为什么不做决定？不是犹豫不定，老板会做决定，但是他会留出更多时间让下属发挥。下属把方案说出来了，即使不够稳妥也不要批判他——老板一批判，大家就知道老板不赞成这个方案，然后就不朝着这个方向去想——不要放弃任何可能。

老板和下属讲话，要面无表情——没有表情大家就猜不透老板的想法，就会继续讲第二个、第三个、第四个方案；老板统统不要点评，只讲一句话："还有吗？"不要否定前面的发言，也不要轻易赞成哪一个；要请没有讲话的人说看法，直到实在没有人再想出办法来。老板最要紧的是知道下属在想什么，而不是知道自己在想什么。

每提出一个方案，老板都要让大家分析这个方案的利弊。把每一个方案的利弊分析出来以后，老板基本就可以确定选用哪个方案了。这个方法非常科学且高效。

事情没有到最后关头，老板不要轻易做决定，要虚怀若谷，集思广益，让大家提出更多不同的意见。这有助于让下属多动脑筋，也有助于老板打开思路。

待确定最优方案、做出决定以后，就必须严格执行，无重大纰漏不得修改。

把指示放在腹中

老板要把自己的指示变成大家的共同意愿。

如果大家提出来的方案都不可行,唯一可行的方案是老板自己想到的,此时,老板也尽量避免自己讲出来。老板可以跟助理讲,暗示他为什么大家没有想到这些。助理一定会向外去讲,讲出去了就有人提出来,老板再问大家:"这样行吗?"因为不知道是谁提出的,大家就不会盲目地拥护——只要有风吹草动让大家知道这是老板提的,大家一定会盲目地拥护。

通过这种操作,最佳方案就由老板的想法变成了大家的想法。

我们要了解人性的弱点。老板一表态,大家都一致赞成,老板会很着急。老板听不到其他的意见,思路会被封闭、禁锢住,对于公司和老板一点好处都没有;如果老板一表态,大部分人都不赞成,老板就很没面子,很丢脸。其实老板也很难做。

当方案由指示变成下属共同的意愿后,大家执行起来就会责无旁贷,工作推进将畅通无阻。就好像一个家庭,如果凡事都是妈妈一个人操心,妈妈就老得非常快,而小孩子又不长进。如果家里面每个人都动脑筋,生活就会变得轻松愉快。

保持紧急时发号施令的权力

在日常情况下，一个意见、一种方案可以经过反复讨论，但如果出现突发情况，是否也可以拖一拖呢？

当然不可以。

我们说深藏不露就是要露，就是紧急的时候露。

老板平时不指示，紧急的时候一发号施令，所有人都知道：别啰唆，事情紧急，赶快做了再说。这就很有效。如果老板平时经常发号施令，到紧急情况时，指令效果会大打折扣。

中国人都有平常与紧急的概念，分得非常清楚：只要时间允许，一定不要急于下结论，让所有人多动脑筋，这就是在工作当中培训干部；而时间一到，大家自然知道刻不容缓，不会拖沓。因此，老板要始终保持紧急时发号施令的权力，在平时要做到不动声色，紧急时刻的号令才能雷厉风行，令行禁止。

第十四章 善待平行同事

"现在的社会是竞争的社会",这是西方的观念,现在在中国也很流行。我却不认同这个观点。

人类的关系是互助的,不是竞争的。平行单位相互配合、将心比心、互相体谅,就一定可以和谐共生。

怎样跟同级的同事相处?其中有一些很微妙的东西,值得我们学习。

平行同事一般大

在上下级关系和平行关系中，处理对上的问题比较容易，因为我们多少会让上级三分；对下也不难，因为下属会让我们三分。有了这三分弹性，彼此就比较好相处。只有平行关系最难相处，因为大家都是一样大，谁也不怕谁。平行单位通常本位主义很严重，炮口要对外谁都知道，但是对内经常打得更凶。

有的老板对我讲，他的公司是数字化管理，我觉得很可笑——只要公司是用数字化管理的，内部的人一定笑里藏刀、貌合神离。

中国人不管做什么事情，都讲求"德本财末"——品德才是根本，赚不赚钱则是末端。我们最讨厌那种唯利是图的人和那种昧着良心、一味想赚钱的商人，所以经常说"无商不奸"。

赚了钱是大家的功劳。中国把人看得很重要，现在却让同事之间竞争，那么，大家就是敌人了，而对敌人是不能有温情的，就要拼个你死我活。

数字是很重要，但如果老板只相信数据，干部就会用假数据来骗老板。这很简单：你相信什么，他就用什么东西骗你。

如果你认为在上班时间认真工作的人就是用心工作的人，所有人都会认真给你看。当你发现你的下属统统坐在那里，每个人手上都有工作，看到你假装没有看到一样时，你就要知道，他们统统是在作秀。人不可能千篇一律，主管走过去，有人在嘻嘻哈哈，有人在认真工作，这是真的；每个人都是一本正经的，大概率是他们在骗你——凡是百分之百的东西都是骗人的，要提高警惕。

将心比心，互相体谅

本位主义的现象在平行部门和同级同事之间是存在的，而且几乎每个部门都存在搞本位主义的现象。

财务部门只想自己的事，不想其他的——资金周转灵活就好，研发根本与自己无关。可是，研发不能受财务的限制，受财务的限制就不能顺利地展开研发工作了。生产部门讲生产，销售部门讲销售，谁也不理谁。销售人员穿西装、打领带，带着客户到生产车间去，挑出一大堆毛病。遇到这种情况，生产经理就不高兴了：他们总是借客户的名义打压我们生产部门。于是，生产部门根本不配合改进，客户要求又能怎样？销售部门胳膊肘向外拐，只顾着满足客户的需求，却根本不考虑生产部门的实际困难。

销售人员一定要记住，去生产部门时把西装脱掉，套上工作服，跟生产工人一样，工人们就不会把你当异类了。如果客户批评你们的产品，你要站在生产部门的立场去解释。

如果某个产品确实有一点问题，影响了销售，销售人员要怎么向客户解释呢？

首先要告诉客户：所有产品在生产部门的努力之下，每天都有改进。有时候顾客的要求是很无理的，不必都转述给生产部门，要和生产部门商量如何改进更好，听取他们的意见，生产部门受到了尊重，就一定会努力改进。

中国人是这样的：你尊重他，他很讲理，很有度量；你压迫他，他就抗拒，不理你。为什么有的人经常蛮不讲理？就是因为他们没有面子。有的人一没有面子，就恼羞成怒，无法沟通。所以，平行单位最好能做到将心比心，站在对方的立场考虑问题。同事相处要彼此善待，好处要分享，错处要担待。

另外，有些人做事不看场合，总是当着老板的面协调事情。遇到这种情况，该怎么办呢？

甲是主管，乙也是主管。当着老板的面，甲说："乙，你能不能帮个忙？我后天很忙，你派3个人来支援我一下吧。"

乙会说："这完全是笑话。"他不会当着老板的面说"没问题"。如果乙说"没有问题"，乙就惨了，这会让老板觉得乙的部门工作不饱和，多3个人，之后就会把这个部门裁掉3个人。

这是甲的错，不是乙的错。如果真的需要支援，合理的协调方式应该是下面这样的。

甲等到老板离开以后跟乙讲："我很忙，我也是不得已的，我尽量不打搅你，但是你不支援3个人给我帮忙，我的工作真的开展不下去了。"

乙很干脆："我支援你3个人。"其实中国人是非常干脆的，是天底下最好商量的人。

事情过后，甲还会去跟老板解释，不要让老板误会乙的部门人多。甲说："这3个人平常都有很多工作要处理，是挤出时间帮我的，将来我再怎么忙，只要他有难处，我晚上不睡觉都会帮他。"老板会很高兴地说："你们都是为公司，了不起。"

凡事一定要做到皆大欢喜才叫圆满，如果是一枝独秀，所有人都会攻击你。

大家都是业务人员，你的业绩好，可以挂一些在他人名下，这样你会永远受到大家的欢迎；如果你始终一枝独秀，所有人都想把你"干掉"，瓜分你的资源。

这就是平行部门、同级同事间要将心比心、互相体谅的道理。

同级之间要互相照顾

同级之间还存在一个严重的问题——职位晋升的竞争。公司出现了一个空缺职位，每一个人都要想办法表现，让大家看到自己优秀才能得到晋升。

中国人讲"小时了了，大未必佳"。有的人刚进公司的时候，升迁很快，到某一个层次后，却永远没有升迁的机会了；有的人进来的时候升得慢一点，之后快升，最后会升得很高。现实生活中，很少有那种一路都很顺利的人。凡是在公司"坐电梯"上去的人，其实都很危险；真正稳扎稳打地做到高层的人，是走"螺旋梯"上去的，会立于不败之地。

那么，一个人与同级的同事在一起工作的时候，要不要显得自己出色呢？答案是肯定的，只有表现出色，才能被同事、领导认可，才能获得晋升机会。

一个人要显得出色，就是会照顾别人。有能力照顾别人，说明你已经很出色了。

这是两句话，也有两层不同的含义：第一，你会照顾别人，说明你有思想、有意识，在现在流行竞争的环境里，能够多去顾及别人、顾及同事，你的境界就很高了——有大局观念，所以你很出色；第二，你有能力照顾别人，这里讲的是能力，同事之间做同样的事情，你不但自己可以做好，还有余力去照顾别人，说明你有能力。

有一句老话叫作"心有余而力不足"，说的是一个人有帮助别人或者做较高层次的事情的想法和愿望，但能力达不到。而一个会照顾别人又有能力照顾别人的人，是既有较高境界又有很强能力的人。难道这不是出色、优秀的表现吗？大家都知道你很出色，你离升迁还远吗？

一个人识大体、顾大局，懂得关照其他人，他就初步具备了做领导的品性，就具备了基础的升迁条件。

标榜自己的人叫孤芳自赏。中国人要考虑晋升一个人，不是很单纯地考虑他有没有能力，主要考虑的是他有没有领导者应有的习性、特质，即领导者能够得到大家的心而不是个人的满足。

另外，一个人有没有升迁的希望，是由高层来决定的，不是由基层来决定的。高层一定按照自己的标准来选择，你的思维越靠近高层，你的机会就越多。所以，年轻人不能巴结，不能讨好，但是要顺应。

要保证跟你打交道不会吃亏

☯ 同级也不一般高

同样是部门经理，他们之间也有高低之分，不可能一般高，就像十指还不一般齐一样。

同样是经理，老板会特别尊重少数几位，不会一视同仁；同样是经理，老板一有事，就会想到某个人，而不是想到其他人；同样是经理，老板一开会，一定会问某人的意见，而不会问其他人——这个人实际上就是"地下领袖"。

这个人一般来说，就是财务经理。

我们都有这样的经历：你的方案老板很赞同，但一问财务经理，只要他说没有钱，这件事情就搁浅了。

所以，你要想做成事情，就要先去跟财务经理打交道，把财源找到，才能保证方案的实施；如果不考虑财源，纵使你有天大的本领也没用，财务经理一句话就把你的方案否定了。

一个中层干部若想要站稳脚跟，要么努力取得老板信任，成为"地下领袖"；要么与"地下领袖"搞好关系，以便于工作的开展。

不让同事吃亏

另外，作为中层干部，要想跟平行同事搞好关系，肯定需要一些由头。

由头有很多。比如，得到奖金就要赶快请客。外国人总是讲，拿到奖金是我的事，干吗要请客？很多情况下，中国人的奖金有一部分就是要用来请同事客的。如果你拿到奖金往口袋里一放，从此就没有人理你了。中国人就是这样，你没有拿到奖金，大家都帮你的忙；你一拿到奖金，大家就开始观望了，大家一冷落你，你就必须乖乖地拿出奖金请客。所以，与其被动，不如你主动——抓住机会联络感情，紧要关头同事才会愿意帮你的忙。

太会算计的人在中国社会不会有太大的发展，真正会做人做事的是不会计较一时得失的、慷慨大方的人。把钱放在自己的口袋里，不如把钱放在所有同事的口袋里。老板给你好处，你一定要跟大家分享，不要独吞，这样做，其他人才会拥护你。

能帮忙时尽量帮忙

要对自身有正确的认知：除了个人努力外，一个人的成功还受到多种因素的影响，如公司提供的平台、领导的精心栽培、同事间的倾力合作等。所以，当老板鼓励你时，你不要真的以为只是你自己努力的结果。如果你真的这样想，不懂得感恩、回报，大家今后都不会帮助你了。

你的同级同事想求得你的帮助时，你愿意帮他，也帮得很好，互惠互助，这是你跟同事搞好关系的一种方式。聪明的老板自然会知道你乐于助人且有能力助人。我们常常把老板叫作"头儿"，其实很形象。头最要紧的就是耳目，老板耳目多得很，你有任何动作，都会有耳目告诉他。等老板放心得已经不在你旁边放"耳目"了，你就可以大展拳脚地去做事了。

同事之间要彼此善待

我们经常听到有人抱怨说跟同事处不好关系。出现这种问题的原因有很多，需要引起重视。同事之间要彼此善待，不要太计较，互惠互助，有好处要分享，有错处要担待，同舟共济才能维持和谐的同事关系。

☯ 不要太计较

"为什么要帮别人？顾自己就行了。"本位主义从哪里产生？就是干部类似的一句话。

部门经理告诉所有科长：把自己的事情搞好，少管人家的闲事。这就是本位主义。本来各位科长都很热心地相互支援，得到部门经理的指示后，就会各扫门前雪，部门间壁垒分明。

数字是没有人性的，我们要透过数字来管理，但不可以完全实施数字化管理。在中国，好的企业最好要回归到有温度的职场，同事之间要彼此善待，不要太过计较利益得失，平时舍得付出，在紧急时刻才能获得同事的帮助。

☯ 得到好处要分享

老板给的好处，大家要一同分享。如果你什么好处也没有得到，自然不会有人同你计较；你一得到好处就和大家分享，大家都高兴，就都愿意与你做朋友。我们之所以老骂有钱人，是因为有的有钱人值得你骂。为富不仁，就是没有分一点给大家；为富而仁，所有的人都会赞美他。所谓舍得舍得，有舍才有得。

☯ 要替其他人担一些责任

某件事情做错了，老板在骂甲，乙说："其实这件事我也有错，我没有支援他。"这些话对乙没有伤害，但对甲有很多帮助。当别人有危难时，你不要隔岸观火，不要冷眼旁观，你拉他一把，将来人家也会拉你一把。同样，有的人摔到水沟里去，有好几个人去救他；而有的人摔到水沟里去，大家都当作没有看到。很显然，这就是种什么因得什么果。有错处要帮同事担待一些，种善因得善果。

☯ 要得到老板的信任

做干部的，要尽可能获得老板的信任。只要得到老板的信任，所有的部门都会非常配合你。中国人聪明得很，他知道得罪你就是得罪老板，你跋扈一点或者低调一点其实都无所谓。获取老板信任最要紧的是：不要讨好老板，不要拍马屁，要尽全力做事，从而让老板赏识你。

竞争：你看有则有，你看无则无

我们前面讲到要善待自己的同事，在职场奋斗的人会问：同事之间毕竟还是存在竞争关系的，我善待他，他好了，我自己会不会受到影响呢？

对于竞争，我是这样理解的：你脑海里有竞争，现实中就有竞争；你脑海里没有竞争，现实中就没有竞争。而且，我不认为世界上有什么竞争。

人类的关系本质上是互助的而不是竞争的，既没有竞争，也不需要竞争，竞争是自己找罪受。同行业可以和平共生，为什么要竞争？你业绩做得好，照顾一下那些不如你的，留些饭给他们吃，不要赶尽杀绝，大家就都会相安无事。

做产品时，甲做一部分，把另外一部分让给乙做，乙就可以生存；如果甲大小通吃，别人就会跟甲进行价格竞争，非把甲拖垮不可，最终会两败俱伤。

价格竞争对大公司最不利，对小公司倒无所谓。所以说，大公司就是众矢之的。比如，挖人一定会从大公司挖，不会去小公司挖。不要以为大公司就能留住人，一个小公司成立以后，常会把大公司的经理挖去当副总。

第十五章 指派新任务要量才适用

一家企业能否正常运转,要看它是否能不停地产生新的业务,这是一个重要的标志。

如果一家企业增加了新的业务,但人员不增或少增,新的任务如何指派下去,让下属心甘情愿地领命去做,就要考验中层干部的能力和水平了。

企业要应对不断增加的新业务

衡量一家企业运转是否正常的重要标准，是看其是否有持续不断的新增业务。作为领导，想要知道企业的运营状态，其实很容易，看以下这几点就好了。

第一，人员没有增加，却不断地产生新的业务——企业运营正常。

第二，人员没有增加，也没有产生新的业务——企业已经开始萎缩了。

第三，增加了新的业务，马上又要增加人——成本提高了。

很多老板没有读过什么书，企业照样运营得很好，因为他们有中国人的智慧，天生会当老板——看一下就知道了，不用问那么多。看什么？主要看降本、增效两个关键指标，在增加新业务的同时，人力成本也不要大幅度增加。如果增加一件事情就要多一个人，还不如不增加。增产不增收毫无意义。

当老板的人要常常去看公司有没有新增加的业务，如果没有，就要问问研发单位、营销部门在干什么；有了新的业务，就去问问人事部门有没有增加人，增加了什么样的人，而且，有人离职后要不要重新进人也是需要考量的。

其实，我不太赞成补缺，也不赞成精减。凡是从人事成本上打主意的，就不能算一个好的经营者。增加新业务时，不能说完全不增加，也不能说一定要增加人。为增加人而增加人，那是人事包袱；为降低成本而不增加人，那是虐待员工。人事调整没有绝对，需要根据新业务的工作量、部门现有人员配置进行综合考量。

中层干部在接受老板指派的新任务时，是没有拒绝权的。越是基层员工，越有发脾气、拍桌子的权利；职位越高，越没有这个权利。一个工人拍桌子，第二天他照样来上班，老板不会计较；一个中层干部拍桌子，第二天就不用来上班了。很多人自以为位子高了、权力大了，就无所顾忌了，其实到了这个层级更要小心，况且老板不会跟最基层的员工拍桌子，只会跟中层干部拍桌子。

所以，当中层干部接受老板指派的新工作回到部门后，会非常为难，因为越往基层，业务越派不出去——这个时候大家都不积极。

经理："老李，你帮个忙好不好？现在又有新的业务了，想麻烦你啊。"

老李的第一种反应："我没有办法，别的都可以商量，就这个我没办法，因为我已经累得忙不过来了。"

第二种反应是："好啊，没问题啊。不过我现在已经够忙、够辛苦了，如果你一定要增加我的工作，我会很尽力，但是做不好你不要怪我！"

还有第三种反应："没有问题，你的指示我一定照办。但是，正好拿我这份工作来交换。"拿手里正在做的工作跟你交换，他才愿意做新工作。

没有一个人愿意主动承担新的工作，假定有一个人不假思索地说"好"，干部反而更要小心，这并不一定是好事。

让下级心甘情愿地接受新任务

上级指派新的任务时要有一套方法，而不是硬碰硬。硬让对方承接过去，他是不会认真干的。

增事不增人，这是中层干部经常遇到的难题。干部接到了新的工作，他必须指派下去，而且不能让基层员工不情不愿地接受。怎么做才能让人心甘情愿呢？一个有能力的管理者要对下属有所了解和掌控，量才适用，让下属理解你的用意和难处，主动承接新的任务。

我当经理时，老板安排新任务给我的部门，我完全没有办法抗拒。我只要多说几句，上面就会翻脸："又不是让你做，你啰唆什么？""我只是让你把工作拿回去让他们做，连拿回去都在抱怨，你太不识相了。"

所以，一个人做到中层，要记住：你是没有抵抗力和拒绝权的。相反的是，基层人员却会硬碰硬地顶撞你，虽然他会怕老板，但是他不会怕你。老板如果下去问："你们不愿意接受新的任务吗？"大家都会说："哪有这回事，没有这回事。"但是，经理让他们做他们就是不做。

面对这种情况，我会把科长找来（记住：原则上永远让次你一级的人去做事，不要直接出面，这招绝对有效），对他说："又增加一个任务，我推辞也没有用，可我接受就是害了你们。"

科长："你不要这样讲，不要这样讲。"

我："这是事实嘛。"

科长："不是这样的，公司总要有新业务才会有增长嘛。"

我："你动动脑筋，想想看到底谁做比较合适，你再去让他做。"

科长："我知道了。"

如果与下属讲道理，他的直观反应是抗拒；一旦你不讲道理，他反而跟你讲起道理来了，这就叫作"由情入理"，这是通过实践验证出的好用的管理方法。中国的管理哲学是充分运用同情弱者的人性特点——当上级遇到困难时，下属反过来会开导、劝慰他，设身处地地为上级着想，从而心甘情愿地接受新任务。

再往下设想一步，作为科长，如何找到合适的人去承接新任务，又怎么让他欣然接受呢？

如果有意要给朱先生做，科长不会说："朱先生，你来做。"这会引起他的抗拒心理。科长会把朱先生请来，但是不会直接交代任务给他，而是跟他发牢骚："你看看，没有增加人，新工作倒是越来越多，这怎么干啊！"

朱先生会说："科长，你不要这样想，哪一次不是这样？每一次都是这样！"

科长："老这样，我真的受不了。"

朱先生："那没有办法，你只能接受了。"

然后，科长把任务拿出来说："现在有个新的任务，你帮我想想看，给谁做比较好，我现在脑筋乱得很。"

朱先生看了半天，说："那干脆我做算了。"

于是科长说："你忙得过来吗？"

朱先生："还可以。"

科长会叮嘱他："你千万不要太累啊！"

朱先生："不会的。"于是，朱先生就心甘情愿地承接了新任务。

中国人是这样的：一方面乐于同情弱者，如果能够让下属同情你，他就很愿意帮你；另一方面很好面子，如果你给下属充分的尊重，他会非常讲理。

有人会问："如果对方说要给别人做，怎么办呢？"

没有什么不可以，通过沟通都可以解决，但不能用强硬手段逼迫别人做事。如果想强迫别人做，你还请他来商量，那你就是虚伪，就是在耍权术。在中国，玩弄权术的人最后都倒霉。要记住一句话："精于刀者，死于刀；精于枪者，死于枪；精于权谋者，死于权谋。"

科长应该诚心敬意地让对方帮忙想想合适的人选。假设他说给巩小姐做，自然会进一步说明推荐的原因。

朱先生："你不知道，你没有来以前，她就做过类似的工作，她做得非常好，很有经验，你找她做没有错。"

于是，科长把巩小姐请来，并且要把所有关于新业务的东西都藏起来，不让她看到。中国人是很精明的，一看到桌上的东西，马上就知道你为什么要找她，她心里就会盘算起来。

科长对巩小姐说："你真是了不起。"

她不明白："我没什么了不起。"

科长进一步说道："你看，我没有来以前，你做了一件事情，一直到现在人家都还在夸奖你……"

她很高兴，科长接着说："哎，拜托，我这里有类似的任务要交给你……"她会很愉快地接受新任务。

有些人做事不动脑筋，一切公事公办，这是行不通的。中国人做事灵活变通，讲究效用，见人说人话，见鬼说鬼话，只要能把事情办成，不妨用些手段。但是切记，不可以存心害人。有句话大家都很清楚：没有一点花样，什么都行不通；存心搞花样，所有人都不喜欢你。

用简化、合并、重组的方法调整原有工作

被指派新的任务后，干部就要思考新的问题：一是原来的工作怎么办？二是增加了新的工作量，要不要招聘新人过来？

面对这种情况，干部可参考如图15-1所示的三种方法解决问题。

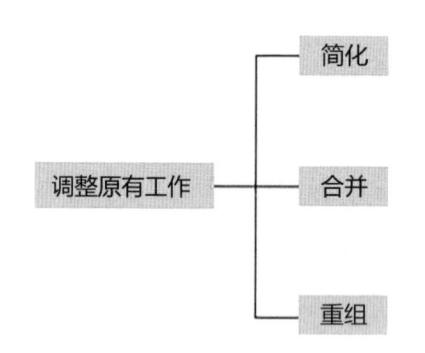

图15-1　调整工作的三种方法

第一种，简化。检查下属手上现有的工作，能简化掉就简化掉。这是非常重要的方法，我们要随时随地研究现有的工作，不断梳理，以提高工作效率。

第二种，合并。同一个工作你也做、他也做，大家都做，其实没有必要，把三个人的工作整理简化后合并在一起，让一个人做就好了。由此，可以解放其他两个人的产生力。

第三种，重组。重组工作过程，确保工作流程顺畅。我们有很多方法可以减轻工作量、减少工作时间，又不影响最终的工作效果，甚至会获得更好的效果。

我们称为"工业工程",这是一门成熟的学科,有着现实的指导意义。

如果要给我的下属一些新的工作,我会把他们找来一起研究如何简化现在的工作流程,提高效率。

台塑集团创办人王永庆这方面做得非常好。

开会时,干部向王永庆反映:"我们忙不过来,要增加人!"王永庆说:"那就增加人吧,公司还会为难你吗?这样吧,我们找个地方吃饭,研究一下到底要加多少人。"于是大家拟了很多项人事计划。

然而,三个小时讨论下来,发现根本就不需要增加人,每个单位反而可以裁掉一两个人。王永庆在一餐饭之后,把加人变成了减人,听起来很神奇,但方法很简单,就是采用了简化、合并、重组等方法重新梳理了工作流程和人员配置,有效地压缩了公司的人力成本。

生活中有很多类似的事例对我们是很有启发的。器皿中装满了东西,你稍微晃动一下,器皿里面的东西就降下去了,好像减少了一样;你再将其装满,又晃动一下,它又下去了。在工作中,我们有太多这种"动一动"的事情要做。

指派新任务要量才适用

把什么样的任务指派给什么人、在什么时候指派给他,大有讲究。在这个过程中一定要"量才适用"。

一个人本来只能挑50公斤的重物,你却让他挑55公斤,他真的做不了。把员工累病了,影响业务开展,又不能在他体质衰弱的时候把他辞掉——老板不能做这么没良心的事情。

保障员工和干部的健康也是老板的职责。有时候要叫大家放松一下,带着员工出去走一走,是有道理的。带员工出去郊游是一种福利,但也不完全是,其实还是为公司好。因为人被绑得太紧以后就很疲惫了,让他松一松,就又恢复弹性了,这个弹性是非常重要的。员工的健康、干部的心理平衡,统统要纳入管理的范围之内。

指派新任务由主管控制

在把新的任务指派给下属时，每一个员工对新任务的接受程度不同，有的人比较容易接受，有的人却总是抵触。如果不加区分地摊派任务，那个比较软弱的人就会承担得更多。

因此，指派新任务的工作宜由主管选择、控制，主控权不能在员工手里。

我们不鼓励员工争取新的任务，因为他对新任务不了解。

一个人仅有热心是没有用的，重要的是他要有能力，承担得起，主管才会把工作交给他。所以，主控权要永远在主管手中，量才适用，选择合适的人承接新任务，而且一定要想方设法把指派新任务这件事做到让对方心甘情愿。

考察一个主管有没有能力，就是看他了不了解自己的下属，会不会合理地指派任务。

适当少派好差事给不接受指派者

人是千差万别的。有的下属比较强硬，派任务就拒绝；有的比较柔和，派任务就接受。遇到这种情况，主管该怎么办呢？

这种现象是普遍存在的，主管需要掌握主控权，拿捏住这类人。

他态度强硬，将来有出差的机会就不派他去（出差到底是好事情还是坏事情，说不清楚。大家都说出差很辛苦，但是都抢着出差）。对付捣蛋的人：第一，不让他出差；第二，有加班机会不给他；第三，升迁以后把他压倒。如果主管管不好自己的下属，那你还当什么主管？

下属为什么会让你三分？就是因为他会考虑到上面这些因素。

当下属太过强硬时，主管就要考虑他是否另有企图，分析具体情况，做出应对。下属也许是在借题发挥，不是真的很强硬：你平常看不起我，现在到紧要关头要我帮你忙，甭想！下属不接受你指派的任务，有可能是他心里有怨气，你就要先化解这个怨气，然后再来指派任务，这么做比较合理。

第十六章 实施走动式管理，确保如期完成任务

指派新任务后，还涉及下属是否能如期完成的问题。从原则上讲，认领任务，不但要完成，而且要如期完成。我们每个人做任何事情都要有一张时间表，没有时间表的计划都是空谈。

怎样督促下属完成任务？怎样检查下属任务完成的情况？如果不能如期完成，又该怎么办呢？这些都是主管需要面对的问题。

制定时间表，保证如期完成任务

下属认领的任务一定要如期完成。强调如期完成，是因为时间是任务完成情况的重要衡量指标。

采购原材料时一定要标注时间条件，就是供货方一定要将货物如期送达采购者指定的地点。这是签订的供货合同中的条款之一，如果不能按期到达，供货方是要承担赔偿责任的，毕竟企业最大的损失就是停工待料。

可见，如期、准时地供应材料是签订供货合同必需的条件。所以，我们在指派任务时，要把时间安排出来，任何任务必须有一个预期完成的时间。

一个人做任何事情、任何计划都一定要有时间表，没有时间表的计划都是空谈，无法落地实施。我们要求下属做一件事情时一定要问清楚完成时间，不要轻易相信下属的口头承诺，下属只有提供时间明确的计划书，才有可能保证任务如期完成。

不要等到最后才发现任务完不成

☯ 到最后才发现任务完不成，主管有责任

我们要求下属完成任务，而且要如期完成。那么，怎么才能保证大家如期完成任务呢？

有时会出现这种情况：一切都说得好好的，最后却不能如期兑现。对此，主管和下属都有责任。我们一直在讲，下属做不好，主管有责任；主管做不好，下属也有责任。作为下属，要明白主管最关心的事情；主管也要清楚地知道，在完成任务的过程中，下属可能会遇到哪些困难。下属和主管要各司其职、各尽所能，保证任务顺利完成。

下属完不成任务，可能存在不能、不为的情况。如果下属没有能力完成任务，一定要尽早告知主管，让主管有时间进行工作调整，将任务重新交给其他人去做；如果公司内没人可用，或者下属都不愿意做，主管也可以选择外包等方式，通过招揽社会上的人才来完成任务。只要时间不被耽误过多，主管就有回旋的余地。

主管对下属的工作完成情况有监督、督促的责任。如果主管缺乏对过程的监管，到验收时发现下属任务完不成，此时已经回天乏术，责怪下属也无济于事。这是主管的严重失职。因此，对任务推进时间的把控是不可或缺的。

☯ 实施"走动式管理"，不会发生意外

如果下属拖到最后才告知没办法如期完成任务，作为主管，你应该反省自己：平时自己在干什么？为什么没有及早察觉？

企业内部的良性工作状态应该是动态的，而且是互动的状态。

主管将工作指派下去后，一定要求下属不定期地向自己汇报；主管也不能坐享其成，要"跑来跑去"：跑到这儿，就是要这个下属汇报；跑到那儿，就是要那个下属汇报。主管要主动去问下属任务完成情况，掌握了任务进度，才能避免在最后一分钟发现任务无法完成的事情的发生。

这种管理方式叫作"走动式管理"。主管的责任就是跟踪、催办。当然，下属一般也不愿意主管跟催，因为大家都有共同的心态：最怕上级一天到晚催问。如果下属自己主动向主管报告，主管自然就不会再去跟催。

主管希望下属能直接向他汇报，下属见到主管就要抓住机会向他报告，让主管放心。

这样一来一往，实行"走动式管理"，就能够保证如期完成任务。

要及早想办法解决进度问题

如果按照正常的程序或者到了某个时间，任务应该完成到某种程度却没有完成，此时，主管要采取什么措施呢？

比如，按照工期，某企业大约180天可以完成一项建筑工程，但施工时天天下雨，怎么办？我们从一开始做计划时就要写明：180天指的是工作日，而不是自然天数，因为会有很多意外情况发生。

对于任务推进过程中可能出现的意外情况，主管需要提前考虑解决预案。主管要密切关注任务完成情况，发现进度有问题，要及早想办法解决。

我常常觉得，有决心要完成任务，天下无难事；如果没有决心，一拖再拖，就会把事情拖"黄"了。事情的成败往往在于人有无决心和决心的大小。

事情进展不顺利，要想办法解决，只要肯下功夫，问题往往都能迎刃而解。

不能按时完成任务的人的通病就是找很多理由推脱责任。许多人是"理由专家"，这种想法和做法要从根本上杜绝。在管理上不能接受任何理由。对于主管来讲，不接受任何借口，才能掐断下属的推脱意识和拖延行为。

在一项任务中，每个人都占据不可替代的位置，所有人同时同频才能保证任务如期完成。如果一个人完不成任务，后续生产就做不下去，进而影响整个项目。企业都有生产线，一个人没有做好，生产出的产品就是残次品；一个人没有做好，全体劳动者的功劳都被破坏了，大家都白做事了。

这些基本观念务必向全体员工讲清楚，是工作中必须坚守的底线，也是不可触碰的红线。

大家头脑里树立起这些基本观念，就不会出现耽误时间、拖延进度的情况。

所以，对于主管来说，要掌握生产进度、工程进度，随时随地发现问题，并想办法及时补救，把每件事都当作自己人生中的一件大事来做，没有不成功的。

因人而异，一切都在控制之中

☯ 管理就是了解每个人的状况

我们在前面讲过的许多原则，在管理过程中都是一以贯之的。

作为主管，你必须了解你的下属，一定要了解每个人的状况，对不同的人采用不同的管理方式。

比如，某件事情明明要20天完成，你就要跟拖沓的人讲10天完成，剩下的时间就是给他推、拖、拉的。他10天后没做完很着急，而你会稳如泰山：这一切都在你的预料之中。

再如，开大会时，有一个人迟到了20分钟，老板气得要命，狠狠地批评了他。再过10分钟又有一个人溜进来，迟到30分钟，可老板连看都不看他一眼，也不骂他。

有人就问老板："你不公平，前面那个人迟到了20分钟，你当众骂他让他难堪；后面那个人整整迟到30分钟，你却无动于衷，这算什么？"他说："我跟你讲，前面那个人从来不迟到，我怕他从现在起养成坏习惯，所以非骂他不可；后面那个家伙向来都是迟到50分钟的，今天迟到30分钟算不错的，我还骂他干吗？"

这就是中国人的思维方式：不公平才是真正的公平。所有的公平都是表面上的公平——对每个人有不同的看法，管理要因人而异，才是公平的。

管理要因人而异

所谓"管理",就是一切都在控制之中,控制是非常重要的。我们很容易控制外国人,但控制中国人就很难。所以,在中国就只能讲适合中国的话:了解每个人,因人而异。

同样的事情对张三这样说,对李四那样说,这只是因人而异的一种方法——有阴有阳。外国人不能体会这些,他们会认为那是人格分裂。

还是上面的例子。如果我们分别对3个人说要10天完成任务,但他们完成任务实际需要的天数不同,有的人10天完成,有的人15天完成,有的人20天才完成,对20天才完成的人,我们也是接受的,因为我们实际上打出了提前量。

甲、乙、丙三个人有不同的个性。我们交给甲10天的工作,他20天才能完成,主管可不可以要求他必须10天完成?如果10天完不成的话,主管可不可以采取惩罚的方法?

我们不提倡这种态度和方法。人不是机器,你罚他没有用,强迫他更没有用。中国有句名言:孔子弟子三千,圣贤七十二。意思是说,孔子教了三千弟子,也不过教出七十二个贤人来。可造就的人必然是可以被造就的;不可造就的人,用什么方法都无用。现在有一种错误的观点:用一套制度就可以把所有的人都变成一样的人,事实上,这早已经被证明是不可行的。

管理的原则:"无人不可用"

有的主管会问:像这样每次指派新工作都要另外交代、都要打上一个对折的人,也可以长期用吗?

我认为可以用。我们一直在讲因人而异、因材施教、量才适用。人是不一样的，但是只要采用正确的方法，一定能够引导他按时完成任务。

胡雪岩之所以把事业做得很大，就是因为他有一套用人的办法——"无人不可用"。现今，很多管理者都要教下属如何做事，但在胡雪岩看来根本不用教，只要用，就能把人用得很好。如果用人要挑剔，那么就"无人可用"。

在这里举胡雪岩的例子，讲的是两个道理：

第一，"无人不可用""天生我材必有用"。每个人都各有所长，要用人之长，这是用人之人的水平。

第二，用人之人要造就有用之人，要出精品。

对教师而言，要给弟子传真经，效仿孔子弟子三千、圣贤七十二，教出的弟子有一个成才就行。对做产品的人来讲，要有精品意识，东西不在多，而在有用。

要有补救方案才妥当

如果出现不能按时完成任务的情况，主管应该怎么做？

如果不能如期完成任务，事情会牵扯到客户，作为主管，该如何处理？是跟完不成任务的人发脾气，还是告诉你的客户，这件事情有可能完成不了？

我的答案是：一定要把真实情况告诉客户，而且两边要同时处理。

我碰到过这样的事情。公司准备在项目场地开大会，请帖都发出去了，可是，到开会的前一天，负责项目的工地主任告诉我工期拖延了。

我问他："你一路做得很顺，怎么到最后这几天慢下来了？"

他说："工人不肯干，我没有办法了。"我用自己的办法帮他渡过了难关。方法其实很简单，就是我们在工地上唱了一出戏。

我当着工人的面臭骂他："你这个家伙想害死多少人？我问你能不能如期完成，你说可以，我们才放心地把请帖发出去。明天所有贵宾都来了，我们以后怎么做人？还有什么信誉？这不是我的事，大不了被嘲笑，但是我会告诉他们，你是工地负责人，你要负责任。"

他说："我没有办法，我当初估计是可以完成的，现在的确有困难。"

我接着骂他："我告诉你，你今天晚上完成不了，我跟你没完！"骂完后我就走了。接着，我赶快送一大堆啤酒到工地上，工人一边喝啤酒一边加班干活，一个晚上所有的事情都完成了。

使用其他的方法，工人不为所动；用这种方法，就把他们的潜力激发出来了。当然一定还要有啤酒辅助，没有啤酒，光骂是不行的。

为了能从容应对这种情况，可以将事情做在前面，提前预设问题，做好备选预案，防患于未然。

学校的毕业典礼会场可以设在运动场上，也可以设在礼堂里。一切都准备好了，气象预报也没有问题，所以选择运动场作为会场，因为运动场气氛更热闹。但是，当天早上却风雨交加。作为校长，你怎么办？这时有三种方案。第一个方案是拿出你的魄力：再大的雨，也在运动场开，给来宾搭帐篷，我们淋雨，表现出我们学校的精神。第二个方案是每班派代表在礼堂开会；第三个方案是照样在运动场上集合，礼堂也布置好，实在不行马上进礼堂。这些方案都可以。遇到特殊情况，其实有很多解决问题的方法可以使用。

绝不能降低质量

有一种情况涉及质量和时间的关系问题。比如，某个项目有可能要延期，如果不延期就会影响质量。此时有两种方案：第一是告诉客户，让他稍等一等，即使有可能会丢掉这份合同，也要保证质量；第二是告诉客户，可以按期完成，但是质量可能会受到影响。

处理这种问题，要具体情况具体分析。

比如有人要结婚，婚房是你承包的，能拖吗？如果无伤大雅，凑合可不可以呢？我认为是不可以的。因为这是你自己的原因，却要客户吃亏。

一个负责任的主管应该这样做：先按期交工，这是为不耽误对方的事，但一定要和客户协商好，约定时间收回，最终要把高质量、货真价实的东西交付给客户。这就可以既保证时间，又保证质量，也能挽救企业的口碑。

第十七章 如何处理下属的错误

人非圣贤，孰能无过？下属犯错是常见的事情，如何处理，考验的是上级的水平。在下属出现错误或者失误的情况下，作为上级应该如何处理呢？

作为高层管理人员，管理是三分做事，七分做人。一个有良心、负责任的上级不能放过下属的错误，但是要讲究处理的方式，要有策略。

预防为先

负责任的上级，要预防下属犯错误。

☯ 预防下属犯错方法一：事先充分准备

上级要教导下属：做任何事情，事先都要有充分准备。

小孩子第二天要去学校上课，到早上他往往会哭，为什么？因为他着急呀：这个东西找不到，那个东西也找不到。你骂他没用，解决不了问题。做父母的要事先告诉他："今天晚上睡觉之前，想一想明天要做什么，把所有要用的东西摆在一起，因为明天一早起来时间很匆忙，忙中一定会出错。你事先收拾好了，再检查一遍，没有问题了，才可以去睡觉。"这样问题就解决了。

道理讲明白了，还要帮他养成习惯。

下属要养成事先充分准备的习惯，下班前要把明天要做的事情整理好，这才是负责的人。一下班就走了，第二天一来，什么都找不到，等把准备工作做好了，半天已经过去了。

我们之所以没有效率，就是没有按照老祖宗的方法去做：今天要为明天做准备，任何事情充分准备后还要再检查，有了把握才可以休息。

☯ 预防下属犯错方法二：要有预测能力

上级对下属完成事情的能力要有所判断，并且对他的未来也要有所规划，帮助下属建立自我发展的信心。如果人对于未来有所希望与追求，也就会好好做下去了。

为什么我们常说一些人少年老成？因为他知道要为自己的未来负责。

让自己的下属看得到未来，他一定会好好做，他不敢破坏自己的前途。我们为下属设想未来，他自然就会约束自己、少犯错误，这就叫作防患于未然。

派人实地检查下属的工作

上级如何才能发现下属可能要犯错呢?

比如,下属要代表企业投标,他会带标书、带样品。如果我是他的上级,我不会问下属:"你那个标书准备好了没有?"因为他一定会说"好了",但实际上未必,做好的标书也很可能会出错。写稿子的人都知道,自己写的文章自己看几百遍,里面有错字也看不出来,所以,要请另外一个人校对——不是他写的,反而容易看出错误。

如果我当老板,派甲出去投标,等他写好标书、交给我时,我会吩咐乙去检查。如果乙检查后确认标书写错了,我绝对不会怪甲,在确认标书是甲自己写的后,我就会说:"你可能太忙了,去检查一下,好像有错误。"

我为什么要叫别人去看而不是自己去问呢?因为我问他答,我们都是在空口说白话,很可能是在应付,只有经过实际检查的结果才是明确可信的。

也许有人会问:为什么需要让第三者去看,而且还不让对方知道呢?

下属自己做的,他怎么看都是对的,没有一个人会存心做错事。换一个人去看,旁观者清。不让对方知道是因为指出下属错误的同时也要顾及他的面子。

指出下属错误要有策略

不能直接告诉下属哪里有错，这是很重要的。你直接讲，就叫撕破脸，中国人是不能撕破脸的。比如你说："标书都写错了，你怎么可以这样？"他会说："错了就错了，改了不就好了？能怎么办呢？"因为他已经没有面子了，他就干脆不要面子了。这么一来，你反而被动了。也就是说，你指出对方一个错误，还一定要让他有面子，他才会接受，所以，指出下属错误需要讲究方法策略。管理者要懂得爱护下属的脸面，不要讲得太明白，尽量避免撕破脸。

我们一般认为，出了问题，相关人员多少都会有一点错。比如李四说："今天任务为什么不能完成？是因为张三的计划不准确啊，如果他的计划准确我会完不成吗？他说这件事3天搞完，我搞了4天还没办法做完。"——李四没做好，张三也脱不了干系。

要一个中国人从心里服你，不是那么简单的，他脑筋很快，随时可以找借口，弄得你毫无办法。所以，你要指出下属的错误，一定要按照我说的方法，不要怕麻烦。

如果公司的打字员打错字，你能不能告诉她？直接告诉她肯定没用。你说："你怎么老打错字呢？"她嘴上讲"不好意思"，但是心里会想：你来打打看，看谁错得多。如果是我，我会很有策略地讲："你有没有听到大家都在赞美你很会穿衣服啊？但是，人家也在批评你老打错字，我看只错五六个字而已，可是人家讲得很难听啊！"我讲是别人说的，她就很容易接受；如果直接说是我说的，她压力很大，就会抗拒。我用了"三明治法"与她谈：先赞美她，再批评，最后再赞美她，如图17-1所示。我给足了面子，她就会比较容易接受自己的问题。

有人问："如果她不接受怎么办？因为现在的年轻人完全不懂得措辞、策略这些迂回的沟通技巧。"那我也还是有办法的。

图17-1 "三明治法"

我说："人家说你打错字，讲得很难听啊。"

她马上问我："谁说的？"

我说："你不要问谁说的，你不要打错就好了嘛。"

她说："不行，你一定要告诉我谁说的。"

我说："好，我现在就告诉你是我说的。"

她说："是你说的，你就说是你说的，干吗说别人说的呢？"

我说："好，你想知道原因，我告诉你：因为你还年轻，完全不懂道理，我说别人说的是给你面子。我不是撒谎，只是不忍心让你受不了，所以我才假借别人之名说出问题。现在你连面子都不要，那太方便了，我们不要在这里说了，出去说给所有人听。"

她马上跟我求情："不要，不要。"

我告诉她："以后我说是别人说的，就是我说的，你听清楚没有？"

她说："我懂了。"

我要通过这种方式给下属讲道理。这种讲策略的方法才是我们中国式管理应该有的方法。如果一件事情做得没有效，你就不要做，因为那是徒劳无功的——就好比你直接指出她的错误一样。

初犯不罚，再犯不赦

一个人犯了错误，旁人要给他留点面子。一个人第一次犯错误，应该给他改过自新的机会；但再犯第二次，就不可饶恕。

如果不允许一个人犯错，他就不敢做事情了。很多人就是怕有过失才不敢做事，因为不做就不会错了。中国人有一种观点：不做不错，少做少错，多做多错。

我们要让下属敢做事，就要允许他犯错。

第一次犯错了，只要是无心的错，当领导的不要骂他；但如果他有意识地犯错，那就不能放过。要将错误性质分得清楚、明白才好。

我当主管时对下属讲："在法律面前人人平等，我维护不了你，你要自己负责。只要你不违法，有什么错误，你尽量去避免，实在避免不了，你跟我坦白，我会保护你，这是我的责任。"

与下属共事，事先要把原则定出来，处理问题就简单明了了。

重在教育过程

初犯不罚，目的是让初犯者接受教训，给他再次做事的机会。怎样才能让他接受足够的教训，下次不再犯相同的错误呢？这取决于你的教育过程。

就管理而言，过程很重要。

如果你是主管，上班时你的两位下属跑出去打游戏，你怎么办？

明明是上班时间，他们两个出去打游戏，你不管，你的老板就不会放过你：你当什么主管？连你的下属出去打游戏都不管，不是要"天下大乱"吗？所以，绝对不能不管。

如果我是那两位的主管，会这样做：如果没人愿意去把他们两人找回来，就只能我自己去找。但出了公司我就不是主管，其实管不了他们，所以去了那边我就假装没有看到他们，而让他们两个看到我，然后我就走了。他们两个一定说："奇怪啊，主管怎么会来这里？一定有人打小报告。"然后他们两个就回来告诉我："我们两个没有去打游戏。"我说："没有就好啊，告诉我干什么，这不是此地无银三百两吗？"他们说："我们两个是刚才来上班的时候，觉得精神萎靡不振，所以出去活动一下先精神精神，回来就工作。"我说："太好了，工作就好了。"

我不会处理他们，但也不会放过他们，不然还怎么管理其他人？

他们两个去工作，我就慢慢走到老板的办公室，而且要让他们两个看到我到老板办公室去。我们先谈其他事，谈完，我就告诉老板："我有两个下属上班时间跑出去打游戏，现在已经回来了。"老板不吭气也不表态，他要看我怎么办。我说："这个风气不可长，我要给他们记大过，但要老板你做人情放过他们。"老板一听就懂了。

我回去找他们两个说："刚才我去老板那打听他知不知道你们两个跑出去的事情，如果只有我知道的话，就算了。大家都是老同事，我干吗找你们麻烦，没有想到老板知道。"我反问他们怎么办，把这个难题抛给他们。

他们说："既然老板知道了，你就处罚吧。"

我说："那不行，我们这么多年老同事，你们平常帮我这么多忙，我翻脸就处罚那怎么行？"

他们说："不行啊，你有你的立场。"

我说："那这样好了，先看看老板怎么处理。"

他们说："没有问题。"

老板叫他们两位去问话："你们早上去干什么了？"他们就开始骂主管，也就是我："平常他虐待我们，其实我们只是出去呼吸下新鲜空气，就被抓回来了。"老板就告诉他们："你们两个真是看错你们的主管了，要知道你们的主管为这件事情，到我这里跑了两三趟，都是在求情的，你们这样没有良心，太糟糕了。"

他们两个也很机警，说："我们毕竟是违反规定了，我们接受处罚。"老板说："没有关系，人非圣贤，你们又不是故意跑出去的，你们的主管也替你们求情，他的报告只是要给你们记过，但是我看现在也不必了。你们两个在这里签一下名，从此不犯，我们就不管了；如果犯第二次，一起处罚，怎么样？"处理完了，三方都很圆满。他们以后再去打游戏，两罪并罚。

这个教育过程非常重要，让他们认识到错误的严重性。所以，教育要有一套方法，如果没有方法，就起不到教育的作用。

如果只是给下属记过，简单粗暴且没有效果。有些人为什么会屡劝不改？是因为教育没有用对方法。学生始终不听老师的话，就是因为老师硬来，硬来是行不通的。企业管理也是同样的道理。

管理干部重在做人，教育员工要诚心诚意

有人会质疑：这种迂回的沟通方式会占用很多的时间，让主管深陷其中脱不开身。一件简单的事情，处理起来都要反复多次，的确很麻烦。但需要明确的是，主管平时在做什么？主管平时根本没有事，他的事情就是管理，越是高层越没有实际事务需要处理。

如果越是高层越忙，就表示他管理不当。

高层要花70%～80%的时间来做人，20%～30%的时间来做事；基层员工70%～80%的时间在做事，不能花很多的精力去做人；中层干部50%～60%的时间做事，40%～50%的时间做人，如表17-1所示。

表17-1 各阶层人员时间分配表

层次	时间分配	
	做事	做人
基层	70%～80%	20%～30%
中层	50%～60%	40%～50%
高层	20%～30%	70%～80%

用这种不伤和气的办法，能够确保犯错误的人真的记住教训吗？

这个情况可以参照教育小孩子的经历。

小孩子犯错误不是一打他就不犯了，孩子不能打，要用爱来教育。你越打，他越皮，他在你面前很乖，出去就不一样了。单纯的惩罚是起不到教育作用的。

前文事例中的员工虽然没有被记过，但这个教训他们会牢牢记住的。因为教育下属的过程"水深火热"，一会儿把他提起来，一会儿把他扔下去，整个过程让他们铭刻在心。最后，要让下属知道你是好意，你不是故意要他，是诚心诚意想帮助下属改正这个过错，出发点是很真诚的。

第十八章 做事合理的判断准则

我们一再强调，做事情要合乎情、理、法，有关情的内容前面已经讨论了很多，这一章主要讨论做事要合理。

做事情要合理，这是大家的共识，但是合理的标准是什么呢？人们常说：公理自在人心，天理自在人心。那么，怎么样做事才是合理的？合理与否该怎样判断呢？

人性喜欢合理，但合理与否很难讲

合理与否是很难讲的，在了解理之前，我们需要先理解下面三句话。

第一句话：理不易明，道理不容易讲清楚。

为什么中国人碰到问题，总是说很难讲呢？因为原本就没有一件事情可以讲得清楚。很多人相信真理越辩越明，但我认为，这是不可能的事情。很多事情，很多时候，说到差不多就不能再说了，再说下去就越说越糊涂。事实上，只要一个人想把事情弄清楚，他就会很迷糊。这是由于我们处在一个非常负责的生态环境——牵一发而动全身。

中国社会以理为主，而理本身是永远讲不清楚的，因为理是会变的。法是相对稳定的，在相当长一段时间内不会变，除非修订或废止，否则法就是不变的；而理是变动的，是可以随着外界变化而变动的。所以，人们总是觉得中国人一会儿这样、一会儿那样，完全没有原则。

第二句话：测不准。

很多事情往往难以看透，也就测不准了。就像天气预报一样，讲昨天的天气百分之百准确，讲明天的天气，就很难准确。预报说晴天，老天偏下雨。因为老天不听人的，所以才会测不准。

老板在做决策、评估未来的变化时，数据往往都很准确，但是最后预测的结果偏偏不准了，因为情况变化了，未来的不确定性因素导致了预测结果"测不准"。

第三句话：妙不可言。

真理是妙不可言的，因为语言文字本身就是很大的障碍——文字本身有歧义或所包含的信息量太大，而且每个人的理解也并不完全相同。一件事情不说，大家心里有数，一说出来就变味了。

中国的哲学、文化发展到现在，没有一本书能够把真理讲得清清楚楚，也没有一个人把真理说得明明白白。老子说："道可道，非常道。"意思是能够说出来的道理就不是常道，是非常道。所以，学习人性管理，不可以照搬书本，要以当时的理为准，否则会出问题。

我们在这里讲的是一般性的、普遍性的管理哲学和方法，而每一个公司都具有特殊性。任何事情都既有共性又有特殊性，每一个人也都是很特殊的个体。但是，我们做事要有共同的标准，也要根据实际情况去调整，让标准适应公司发展。

传道、授业、解惑，是中国师父带徒弟的方式。带到一段时间，师父会把徒弟叫来："教你的那几个招数都记得吗？"徒弟说："我统统记得。"师父会说："再学三年，不会就不让你下山。只是记住我的招数，你怎么去打仗呢？我教你这样，敌人偏偏那样打，你怎么办呢？"

再过三年，师父问他："教你的招数，你都记得吗？"徒弟说："我都忘光了，只剩下三招还记得。"师父说："再学一年。"

一年时间到了，师父问："教你的招数都记得吗？"徒弟说："统统忘光了。"师父听罢，说："你可以放心地下山了。"

人做事，尽信书则不如无书，因为书上写的都是过去的事情，而一切都在变。

真理妙不可言，但是先决条件是要体会得到真理，否则怎么妙不可言？一般人总是说"把道理告诉我"，实话说，这是无法做到的事情。佛教参禅总是"不可说"，自有其道理。

既然道理是如此捉摸不透、奥妙无穷，我们做事合不合理，又如何判断呢？此时要记住四个字："位""时""中""应"，这是衡量做事合理与否的基本标准。

做事先定位，位置不同则道理不同

"位"，是位置的"位"。

《易经》最重要的思想就是"位"，我们现代的人也很重视位置。人生其实就是抢位置，没有抢到位置，有天大的本领也无处施展——因为你不在那个位置上。但是，如果去抢，你就是别人的敌人。

所有的管理都是从定位开始的，凡是"物"，就都有它一定的位置。

人家送货物来，我们总是说"先摆在那里"，这就是最大的错误，因为你还要去搬。而任何一次搬动都要计入成本，物料搬过三次，运输成本就很高了。

物的位置要一次定位好，就可以节省成本。

物有定位，人也有定位，什么东西都有定位，而且要一次到位。

位置不同则道理不同，不同的位置遵不同的理、说不同的话。我们由此发展出一套伦理学，要求有长幼尊卑，比如，有年纪大的在，小辈一定要少说话。

时也，命也：势可以造，时只能等

"时"，是时间的"时"。

我们说"时也，命也"，不懂得其中奥秘的人会认为这是迷信，而懂得的人不会这样认为。

时机好时，你少努力也会成功；时机不好时，你再努力也不会成功！如果你生长在非洲的不毛之地，你有天大的能耐，又能做出什么成绩呢？

有人赚了钱就得意忘形："你看我多么有办法，赚了几个亿。"这不是你的本事，那是时也，命也。时势起来时，闭着眼睛也赚钱；时势下去时，焦头烂额，一毛钱也赚不到——时机是很重要的决定因素。

有人说："我可以创造！"西方人说可以创造，是因为对"时"字不了解。

我们讲的"时"有两种含义：一种叫作"时"，一种叫作"势"。"时"与"势"是不一样的：势可以造，时只能等。时机不好，你只能等，因为时根本无法创造。

合理是"中",不合理是"不中"

"位"与"势"决定事情是否合理,合理即"中",不合理即"不中"。解决问题要看"中"与"不中"。

遇到问题,首先,要想一想:时机对不对?比如,你有事要去找老板,而老板正在发脾气,这个时机绝对不对。所以要马上转变方向——时机不对就不能讲。

其次,要想一想:势头好不好?一看自己势单力薄,就不如不讲。你一讲就会被老板否决,而此时再造势的话,他认为你是在威胁他,所以我们只能说"没有事",如此,我们的势才会大。

有的事情要一个人去讲,有的事情要好几个人去讲;有些话要让别人讲,有些话要自己讲,还有些话大家都不能讲,这就是审时度势。

再次,要看看自己的身份,讲这些话是否合适?身份不对就不能讲。

最后,还要看看场合,讲这些内容是否合适。

做事合理与否看看反应就知道

"应",是反应的"应"。

事情合理与否,一看反应就知道了。大家反应好,中;大家反应不好,不中,要赶快修改。所以,中国人经常变来变去,那是在根据变化随时调整。

你向老板汇报说:"这件事情很不顺利。"如果他的脸色不好看,他是在暗示你:在这个场合不要讲这种话。你接着说:"不过跟以前比起来还算不错,但是大家还是要努力。"老板的脸色马上就好转了。

中国人赞成与不赞成有时是一样的。说赞成,是有条件的赞成,不合乎他的条件,他就反对;说反对,也是有条件的反对,只要条件一改变,他马上赞成。西方人和我们不同,西方人说反对就是反对,说赞成就是赞成。

你去听王先生讲课,回来别人一定会问你:"他讲得怎么样?"

你说:"他真会讲。"看别人脸色不对,你赶紧说:"不过,讲了半天不晓得在讲什么。"这些话里没有文法的错误,但是前后是不一致的。

如果你说:"王先生口才很差,词不达意。"一看别人脸色不对,你也会改口说:"不过很奇怪啊,今天讲得有条有理。"

说话的人随时可以根据别人的反应调整自己的话语以达到想要的效果。这种人不是拍马屁,但过去我们总是把这种人当作小人。

孔子一生最了不起的就是他悟出来五个字，叫作"无可无不可"。

梁启超当年读到这句话时气得要死——孔子"脚踏两只船"！可就可，不可就不可，什么叫"无可无不可"？可是当他读了很多书、有了历练以后，就十分信奉孔子的"无可无不可"，明白这是一种很高的境界。

灵活运用合理的标准

"时""位""中""应"这四个字是判断做事合理与否的重要标准。但是，这些标准每个人在运用时，可能会遇到不同的情况。我们应该如何去灵活运用这些标准呢？

有一次，我在一位老板的办公室里面，一位经理来找老板谈问题。

老板："这件事情你跟其他部门经理商量过没有？"

经理："没有。"

老板："你先去跟他们商量，因为我要知道大家的想法，我才能够判断，才能够做决定。"

老板这样做是有道理的。经理回复不同，老板的反应也不同。

老板："你这件事情你跟其他部门经理谈过没有？"

经理："谈过了。"

老板："谈过了你们决定就好了，还问我干什么？"

老板讲得也很对——你们多数都认为该这样，还问我干什么？你们决定就好了。

经理不知所措，私底下问我："曾老师你看看，这种人反复无常啊。君威难测，老板一会儿这样，一会儿那样，只有我倒霉了，我是中层干部，怎么猜都猜不对。"

我告诉他："老板是有原则的，不是反复无常，是你自己没有搞清楚情况。"

如果大家决定到西班牙去旅游，各部门都同意之后，再问老板意见显然不妥。除非老板先说："我们以前都在国内旅游，今年改一个地方，到国外去。"你才敢去谈。反过来说，有些事情一定要各部门意见比较一致，老板才会同意。比如，大家礼拜六统统不休假来加班，而且没有加班费，这种事情老板不能决定，要问问各个部门的意见，大家都同意，他才敢决定。

有些事情要先请示，你才可以有所动作；有的事情要先在部门之间协调，然后把建议呈上去由老板来决定。可见，道理是变动的，因事因人的不同而有截然不同的处理方式。

很多人挨了老板的骂，其实是自己错了，老板并没有错。我们应该灵活运用合理的标准来处理事情，在实际工作中不断修炼，提升对四字原则的掌握能力。

下属没有权力批评老板

没有当过老板的人，一辈子可能都不了解老板。所以，下属要时刻提醒自己，不要总是批评老板。下属是没有权力批评老板的，因为下属永远不了解老板。

《易经》里有"当位"和"不当位"的概念，说的是在这个位置上合适不合适，用现在的话讲，叫作称职不称职。老板如果是当位的，我们当然服从他，不服从他，就是自找麻烦。但有的老板是不当位的，他没有资格当老板，但他却是老板。

我问这种人："你凭什么当总经理？"

他说："这是我老爸的事业，我当然应该当总经理了。"

那么，是不是老板、总经理永远有理，做下属的永远没理呢？

首先，下属没有站在老板的位置，看不到这个层级的考量，老板考虑的问题更为宏观，境界更高。因此，下属和老板站在各自的位置对于"理"的理解是不同的。

其次，身居高位的人不一定永远没有理，一定要以大适小，要谦虚。

很多人说，过分谦虚就是虚伪。我不赞成这句话，任何事情都可能过分，只有谦虚永远不过分——天外有天，人外有人。

所以，在很多场合中国人都是不先说话的，一是听，二是听，三还是听，觉得可以说了才说，觉得别人比自己高明，就不说——说些没有用的干什么？那是自找难堪。

判断一个人做事合理与否，是层次比较深的问题，我们从中国传统文化的精髓出发，做了一些讲解和阐述，总结出了四个字："位""时""中""应"。这四个字所包含的精神内涵是非常丰富的，需要大家在具体的运用过程中去体会，并根据自己的情况做出合理的判断。

第十九章 人性管理的"六字要诀"

人性管理的要诀是什么？六个字：两难、兼顾、合理。这六个字本身是一个系统，是进行人性管理所要遵循的原则，是解决问题的步骤。

就好比建造一座金字塔，塔基越大、越牢固，金字塔才会建得高大雄伟，屹立不倒。在前面的讲解中，这六个字时有出现，为的是让读者充分地去感受、体味，对人性管理有豁然开朗之感。

两难是人们常常遇到的一种处境。遇到事情率先考虑能否做到兼顾，如果无法兼顾，自己要设置两难情景，经过充分思考，然后才能有所行动。

兼顾是化解两难处境的有效方法。当你兼顾不了时，可以想一想突破的有效方法，也许第三条路才是最好的选择。

合理是恰到好处，依据"位""时""中""应"四字原则行事，能体现出一个人的境界和水平。

做事情、做学问都要"摸着石头过河"

中国人做学问的方式与西方人是不一样的。西方人开宗明义,上来就要讲定义,中国人一般不会这样做。

西方老师一上课就问:什么叫哲学?接着就讲一大堆哲学的定义;中国人自古以来不太讲求对学问下定义,我们讲课好像漫谈一样,谈天说地,到最后老师会"不了了之"——好像我们不是在做学问,其实不然——没有人有权力给某个学问下定义。

西方人研究学问喜欢对自己的学说下个定义,这从某种意义上说是把脑筋固化了。别人为什么要接受你的定义?你也未必会接受别人的定义。所以,我们做学问要尊重每一个人,定义是人实践之后摸索出的,每一个人都可以有自己的理解。对于管理,每个人的答案都是不一样的,十个人有十种理解,因为每个人的感受都不一样。

越简单的东西往往越难定义。我们把概括、归纳等放在书的最后部分,这是按照中国人的思路来的。其实,天底下所有的方法归纳起来只有一个——摸着石头过河。每个人要过的河不一样,胆子不一样,目标不一样,快慢也不一样:有的人急,有的人不急。同样是摸着石头过河,过程不一样,结果不一样,感受不相同,所以每个人摸出来的路也不一样。

做任何事都以"两难"为起点

摸着石头过河,就会处于"不下就无法过河""下河后前路茫茫"的两难境地,映照了人始终处于两难的现实,所以,中国人做事情往往会瞻前顾后。听话挨骂,不听话也挨骂;照规矩办事挨骂,不照规矩办事也挨骂。

你的儿子不老实,你很生气:我又没有做坏事,怎么会生出一个不老实的儿子来?儿子太老实,你就非常担心:儿子这么老实,以后会不会吃亏啊?

下属太听话,你就要知道这可能不是好事。我问过很多老板:"你的干部非常听你的话,你觉得怎么样?"

他会说:"太危险了。"

我再问他:"为什么危险?"

他说:"我迟早会被他们害死。"

下属统统听你的,会把你害死;而都不听你的,会把你气死。

中国社会处处是"两难"——没有一条路好走,两条路都不好走。

身处"两难"要会"兼顾"

人们经常处在两难的境地，但是在两难当中，还是要做决定、要有所行动的。身处两难境地，外国人会采取选择的方法，而我们解决的办法是兼顾。

一个中国人对外国人说："你喝咖啡还是喝茶？"

外国人会选择要咖啡或者要茶。

面对这种情况，中国人是不选择的，他会讲："随便。"

"随便"就是兼顾。

很多时候，我们不能选择，一选择就会有很多问题。

如果选择喝咖啡，问题就出现了，他给你端一杯跟泥土一样的咖啡，根本不能喝，然后告诉你："我们这里的咖啡都非常差，但我们的茶是很好的。"他笑话你，你生气不生气？

对于这种两难选择，中国人很委婉，回答永远是："随便。"

随便是什么意思？随便就是：茶好，给我茶；咖啡好，就给我咖啡。

所以，中国人讲话总是含含糊糊的，这是最保险的了。

甲问乙："明天开会你去不去啊？"如果乙说："要去。"乙就有问题了。大家都知道乙要去开会，晚上就去送礼，希望乙明天帮助自己通过什么方案。

如果乙说"不去"，马上有人不高兴，会议组织者会问："为什么不去呢？"

所以，我们经常打马虎眼是有道理的，是聪明之举。

对不同的人，我们要给出不同的反应，因为"理"是变动的。

老板问甲："你要去哪里？"甲不能讲"不知道"，也不敢讲"没有想好"，要如实地讲"去市场"。"给我买两个鸭蛋带回来。"这里的"两个"不是确切的两个，而是一个约数，甲可能买了四个，皆大欢喜。

也就是说，对不同的人要用不一样的应对方法。有些人觉得中国人很势利眼、很现实、很会拍马屁，其实不是，因为我们因人、因事的变动是考虑实际情况后的合理变动。

举例而言。如果小孩子从小就是非分明，他会痛苦一辈子，因为他没有能力，也没有办法把是非分辨清楚。

看电影问"这个是好人还是坏人"的一般都是小孩子，大人很少这样问。世界上没有完全的好人，也没有完全的坏人：好人某方面可能很坏，坏人某方面可能很好；好人有时候很坏，坏人有时候很好；好人有坏的一面，坏人有好的一面。

就个人而言，我们的认知能力很有限，选择能力很薄弱，判断能力很缺乏，所以，我们没有办法选择。西方人说：哪一个人对你最好，自己最知道了。我以为这句话其实不正确，因为谁真正对你最好，其实你自己并不知道。

无法"兼顾",就求"合理"

中国的哲学思想是世界上独一无二的,如果完全接受外国人的学说,你就不可能懂得中国文化,因为这是两种不同的路子。

我们推崇的是"二合一",不是"二选一"。

外国人一进餐厅就要开始研究菜单,看半天不知道选哪一个,但他一定要选。

中国人则不同。要吃什么?随便,然后什么都会有。中国人吃西餐经常是你点鱼肉,我点鸡肉,他点牛肉,然后切开来、分一半,搞得乱七八糟,不像是吃西餐,但我们认为就是这样花样繁多才好吃。

做事情要先考虑兼顾,如果无法做到兼顾,就以合理作为行事标准。

恰到好处是很难的,合理就是恰到好处,就是到位。比如,很多人讲话是不到位的,讲了半天都不着边际,抓不住要点。

遇事三思而后行

☯ 遇事要先设置两难情境

我们碰到任何事情,都会先设想两难情境。即便是很简单的事情,也要考虑两难处境。思虑周全,想清楚解决方案再开展行动。

老板叫你去跟某人讲一件事情,你就按照老板的意思去讲。老板一会儿问你:"你去讲了没有?"你如果已经讲过了,他会说:"你看你那么急,我让你去讲之后,我一想不对啊,可是你却跑那么快,你干吗?别的事情不快,这件事情特别快,你想害死我啊?"

按照老板的指示做事还被批评,你觉得很委屈,这是因为你不是老板,你不在他的位置上。你认为小的事情,老板认为很大;你认为很大的事情,他认为很小——因为位置不同。经常是基层认为紧要的事情,高层根本不理会;可是基层认为很小的事情,高层却认为是关键。立场不同、身份不同、位置不同,看法自然不同。

这种情况本来很常见,也是很简单的事情,看上去也不是两难处境:老板叫你去说你就说,执行老板的命令。但是,真的开始做之前你自己要多想一想,把这件事变成两难情境。

当你碰到问题时,就要想到有阴必有阳,这才是思考问题的正确角度。人不能总是想着光明的一面，那是幻想，因为有光明的地方一定有黑暗。所以，当你的生意兴旺、企业发达时，不能赶尽杀绝。

需要进一步说明的是：不能在已经有了明显两难处境时，再去考虑方案，而是在处理看上去很简单的事情时，也要先把它想象成两难。有意识地培养两难的思维方式，未雨绸缪，习惯成自然，这样遇到任何事情都能轻松应对。

甲是主管，想把大家桌子上的花拿掉，但是，他不能说拿掉就拿掉，要想一想，要"谋定而后动"，要"三思而后行"。

经过两难设想以后，甲会说："你们觉得花摆在桌子上好看不好看？"

乙说："其实也不错。"

丙说："不好看。"

其他人没有说话，因为大家都在猜测甲的意思。

甲又说："好看？还是不好看呢？"

丁说："从某个角度来看，不好看。"

甲接着说："那这样吧，我们把它拿走，你觉得怎么样？"

丁说："好。"

甲说："那把它拿走吧。"

我们为什么要发展出一套推、拖、拉的"太极拳"呢？因为其行之有效又入情入理。

说明确一些，当大家的想法意见没有统一时，不管你怎么做，都有人赞成、有人不赞成，结果必然是有人高兴，有人不高兴。你每天做一件事只要得罪一个人，十天下来你就得罪十个人。如此一来，下属和你离心离德，你还怎么开展工作呢？

两难之后才能考虑兼顾

兼顾，就是把事情合起来想，不要分开来想。西方人是走分的路，中国人是走合的路。中国人很重视"合"字，众人合成一条心，废铁也能变成金。

所以，与别人讲话，不要生硬地说："我不同意你的意见。"你只要一表态，对方就把你当敌人。很多中国人提反对意见时，总讲"我很赞成，不过……"，其中隐含的逻辑是：你先说好话，对方就把你当同志、当朋友，同志之间、朋友之间有话比较好谈；你一上来就说不好，他就把你当敌人，关系一对立，你讲得再对，他都听不进去了。

一个会当领导的人刚上任时说："一切安定，人事照旧，大家都不动。"然后三个月之内原有的人员就被调光了，都换成他自己的人了。如果他一来就说："我要换人。"马上就有人告到上面去："他昨天才来，今天就要换人，肯定是营私舞弊。"

合理是变动的，因人、因事、因地而不同

公司有时会出现下属不能理解的情况：某人明明不行，领导却一直不换掉他。领导不换掉他，不是因循苟且，而是看上面的面子——把他拿掉上面不支持，你就什么事情都做不成；多少担待他一点，上面多照顾你，对部门有好处，你的工作得到了支持。领导也是依理行事，但理是变动的，相同的道理会因人、因事、因地的不同而呈现出不同的结果。

所以，做事千万要小心。一个人只有纯真、真诚是不够的，还必须要有很多顾虑。所谓"委曲求全"，就是不能硬干。

第三条路也许是最好的解决方案

不是在任何情况下我们都能够做到兼顾的，有的时候想兼顾，但确实兼顾不了。

有时我们确实会面临这样的处境：必须选择。这种时候要尽量化解掉，挣脱出这种处境。有些事情，基层的人没有看到，所以他很果断，没有什么顾虑；高层的人往往会讲"等一等"，因为他看得远。企业像一座山一样，基层在山脚下，根本看不清楚"敌人"在哪里；老板站在山顶上，他已经能看到500公里以外的"敌军"了。职位越高的人，看得越远，想得越多，胆子越小，这是好事情，不是坏事情。

我们面临必须要做选择，然而做任何选择又都是错的情境，怎么能够合理地化解，争取形成一个对自己比较有利的局面呢？

有一家日本公司接受美国公司的订货，合同上规定了交货的期限和数量。可是这家公司怎么赶时间也赶不出规定数量的产品来，眼看着就得延期交货，怎么办呢？

此时一个常规的解决方法是，向对方承认没有办法完成，而且已经尽力了。但是，这个方法在竞争激烈的市场上是不可行的，因为给美国公司造成了损失。日本公司在规定的期限内需要为美国公司提供产品，美国公司要供应多家厂商且也都签订了合同。表面上看，日本公司虽然只对美国公司一家失信，但实际上它导致美国公司对这些厂商都失信了。

眼看着期限将至而产品赶制不出来,日本公司的老板却告诉员工:"不急,你们给我做好,不要赶,再给你们半个月时间都可以。"过了半个月,他又说还有10天的时间把产品再弄好些。

最后只剩10天时间,只有10天的时间,怎么可能按时运到美国呢?日本公司的老板包了一架飞机把货运过去,在规定的时间内交了货。《纽约时报》头条新闻称,这种空运货品的方法是"创新",这个企业家把运输费当作广告费了。从此,他的产品在美国变成了畅销品,运输费变成广告费这一招非常划得来。

以上就是在两难处境当中,选择了第三种解决方案。我们把这种选择叫作突破——突破困境。思考问题不要囿于一种模式,身在两难处境中,不要把自己困在现实里面。通俗地说,就是在东也不行、西也不行的时候,在东、西中间的其他方向去寻找出路。

中国人思想比较活泛,这一区别在中西方人面对堵车的问题上体现得淋漓尽致。在美国,我有一次要坐车去赶飞机,偏巧车堵得让人很心急。我跟司机说:"我要赶飞机,这样停停开开我怎么赶得上呢?"他说:"我知道,但是我能做什么?"这还不算什么,他开了5分钟,居然还问我一句话:"先生,如果你赶不上飞机的话,要不要坐我的车回来?"中国人虽然心里也会打这个主意,但他不会问。美国人就敢问出来,因为他的脑筋不会拐弯。这句话要在中国人看来,就是你根本没打算让我准时赶到,你心存不良。

遇到堵车,中国的司机会想办法绕过去,不可能只走直路。中国人走远路,是用空间来换取时间:条条大路通罗马,不是只有一条路。

人性管理的"六字要诀"就是"两难""兼顾""合理",这六个字是一个系统,我们应该全面学习和掌握。

第二十章 实施人性管理的目的

中国式管理的要义就是人性管理。

我们谈管理是要讲目的、目标的，中国式管理有三个目标：第一是降低成本，第二是发挥潜力，第三是协同一致。这三个目标不同于管理科学中的目标，这是软科学，是当今时代企业充分竞争后必须选择的一条道路。中国式管理只要达到以上这三个目标，业绩、利润等西方管理科学目标体系中常见的关键目标自然就会实现。这就是"正本清源"。

想赢得竞争就要降低成本

降低成本对任何一家企业都是必要的，如果一家企业的产品成本太高，就无法在市场竞争中获胜。

同样的产品，只要你的品质跟别人的一样，买方就要求价格更低；如果你做的东西跟人家一样，还要卖高价钱，一定卖不出去。所以，我们一定要注意价格和成本的关系。

台湾地区新盖的房子普遍有一个特点：天花板越来越低、地板越来越高，住户的生活空间受到了挤压，住在里面的人感觉很压抑。老房子为什么住得舒适？因为天花板很高，生活的空间很大。

在现代商业竞争中，天花板好比产品价格，地板好比产品成本：价格往低处走，成本往高处走。这是个"薄利时代"，薄利，通常只有靠多销才能赚钱。但薄利多销也不是好办法，因为市场是有限的。

物价涨是什么在涨？是原材料在涨。照理说，原材料一涨，产品的价格也相应地调高一些即可，但实际上这是不行的，因为产品的价格是由市场决定的，不是由厂商决定的。

原材料价格由供货商定，非用他的不可；可是，产品价格却不由供货商定，这是很矛盾的。所以，今天很多企业唯一的生存之道就是不断地降低成本，可是降低成本，又不能把人事费用降低，这本身就是两难的事情。

降低成本，不仅是中国式管理的一个重要目标，也是西方管理科学的一个重要目标，企业的生存之道就是不断地降低成本。

把降低成本作为中国式管理的重要目标，是由于人性管理方法在降低成本方面比较有效。

让大家乐于工作，发挥潜力

一般来讲，除非企业发生特殊情况，否则员工的工资是不可能降低的。

在工资不变的情况下，我们要发挥人的潜力，通过优化流程、合并重复环节等提高工作效率，使一个人能干三个人的活，企业的成本就能够有效降低。

中国式管理会考虑很多方面的因素，目的就是让每个人都可以发挥潜力。打仗不是人多就一定赢，武力强的人也不是每战必胜。人是有无限潜力的，但潜力需要通过不断挑战、锤炼自我才能被激发出来，如果不尽心尽力去做，不愿意做，或者只是应付应付，潜力就会退化、消失。

人性管理，就是充分尊重每一个员工，给他发挥才干的空间，把他的潜力充分挖掘出来，做到"以一当十"。

需要说明的是：如果给一个人指派十个人的工作，他是绝对不干的，但他如果自己愿意做十件事情，那就另当别论了。所以，当主管的不要做决定，要让下属自己决定；凡事不要命令，要跟下属商量，让大家乐于发挥自己的潜力，积极参与工作。

大家协同合作，组织才有力量

☯ 协同一致很重要

有人质疑中国人的合作意识："中国人就是不能合作。"我告诉他们："中国人不可能合作，也不可能不合作，因为我们是'摇摆不定'的。"

历史告诉我们，只要领导得好，中国人会非常合作；如果领导得不好，就会四分五裂。中国人的个性就是这样，合起来合得很牢固，分开来也分得很彻底。家和万事兴，血浓于水。但如果兄弟相残，是比任何敌人都可怕的。

所以，我们倡导"合作协调""协同一致"，否则一个人即便能力超群，单枪匹马，没有团队、组织的支持，也无法干成大事。协同一致非常重要，是指部门所有人思想一致、步调一致，为了一个共同的目标努力。有组织却没有组织力，就是缺乏协同一致的信念和行动力。

管理科学能够做到降低成本，技术进步也能够做到降低成本，你买最好的机器，别人也买最好的机器，凡是科学层面的东西，你能够做得到，别人也做得到，所以没有什么竞争力。但是，人性管理不是人人都做得到的，这家公司的员工士气高昂，别人可能就做不到。竞争要争那些看不见的部分，不是比那些看得见的部分。硬件是大家可以学的，软件是要靠自己培养的，没有其他办法。软件就是哲学，硬件就是科学，所以，中国人的事情要用中国人自己的方法去解决，因为我们脑子里面想的跟西方人是不一样的。

人性管理是唯一的途径

为什么要实施人性管理？我们用一个案例说明。

我国改革开放的前两年，只要生产量没有达到，员工就不能休息；订单没有做完，就无限期加班，但工人都很高兴（员工只怕不加班，因为加班有加班费）。但是，两年之后安排加班，工人就有意见了，说"太累了""人的生命是有限的，钱却是赚不完的"，他会给你讲出不同的道理，你讲的话他开始不听了。

中国人的特点是能屈能伸，俗话说"人在屋檐下，不得不低头"，当没有钱的时候，员工们是很听话的，有了钱他们就不听话了——有了钱自然说话就硬气。

通过这种对比可以发现，随着社会的发展，人性也在发生变化，所以管理一直在演进，不是一成不变的。

上海一家汽车公司的业务人员很坦率地讲："以后客人来，我拒绝跟客人讲'欢迎光临'，没有意思。人都来了，你还讲'欢迎光临'，不欢迎怎么样？完全是形式，完全是做表面文章。"业务员讲的话是有道理的，这样形式化的东西就是"小和尚念经——有口无心"，算什么服务呢？这不是人性化服务，只是走形式而已。

不料，公司总经理下命令了："你们如果不执行公司的规定，看到客人进来不说'欢迎光临'，那就辞职好了。"这些业务员真的就走了，因为他们不能接受这种管理方法。这就是"此一时，彼一时"。

对于总经理来说，这样做可能有他的目的。如果在大家都没有"顾客第一"这种观念时，他就需要强制性地做一些事情，有助于使员工树立这种观念。但是，经过一段时间，大家有这个观念之后，就要运用新的管理对策，体现人性化服务和管理，才能使大家协同合作，组织也才会有更大的力量。

管理也要"与时俱进"

"合理"其实就是"与时俱进"。

管理的"与时俱进",就是随着时间的改变,在管理的观念、对策、方法等方面做相应的调整。

刚开始为了建立"顾客至上"的观念,要求员工对客人有礼貌,可以采取一些强制的方法,那时候员工会听。但是一段时间之后,管理者就应该意识到这么做只是在搞形式,并不增加业务量。当所有的企业都开始用"欢迎光临"这个形式时,管理者就应该警觉,如果还要继续搞这个东西就很愚昧了——"时"已经变了。

日本人是讲求效率的。现在日本也开始不用"人"了,用"人"太贵了。几个人站在外面讲"欢迎光临",这些人工是要计入成本的。日本人开始用机器讲"欢迎光临",他们也很快习惯了。但中国人不接受这个方式:原来是机器在说话,一点诚意都没有。

尊重员工的尊严

顾客尚且有不同的心思，员工的心思更各有不同。所以，在管理过程中，对于员工的不同情况，需要有针对性地做决策。

总经理讲"顾客至上"时，员工心里想的是："我们算老几啊？"员工会想为什么自己要为顾客牺牲，钱被老板赚去了，又不是我赚的。所以，他就会故意给顾客难看。为什么老板苦口婆心地教导员工要对顾客有礼貌，员工就是做不到呢？就是因为员工心理不平衡。大家都知道钱是老板赚走了，顾客高兴与否与自己无关。这种管理方法和结果叫作"不人性"——没有合乎人性的需求。

管理要做到什么？管理要尊重员工的尊严，让其安心工作，在工作中体现自身的价值，提升员工的认同感，员工才能用心、主动地做好工作。

员工要把顾客当作自己的朋友——中国人只与朋友不计较。买卖要斤斤计较，朋友有通财之义。所以，会做生意的人，是把顾客当朋友，而不是把自己当商人。你把顾客当朋友，顾客才会替你着想。

人性管理适用于各种管理模式

人性管理在不同的企业、不同的管理模式当中，是不是都一概适用呢？我的回答是肯定的。

我们不反对用西方的管理方法，因为西方所讲的都是很科学的东西。既然是科学，全世界都可以通用。我们讲究的是如何运用，而不是说这个东西不能用。比如我吃西餐、穿西装，但是，如果你说我穿的是外国的衣服，我就不同意，因为我的衣服都是中国制造的。

我讲个讨价还价的故事，这里面包含着人性管理相关的问题。

有一次我到欧洲，想买一个漂亮的水晶玻璃瓶。在买之前，我要知道商店执行的汇率情况，要计算划算不划算。当时，客人很多，在排队。我就站在排队的地方，很远地问业务员："我们店的汇率怎么样？"他怎么回答呢？他说："请排队。"把汇率直接告诉我不就好了吗？不行，要排队到他面前才能问他"汇率是多少"，然后我再计算要不要买，要买就又要排一次队。所以，商店里的人总是在排队，业务员一次只能做一件事情。

中国人同时可以处理好几件事情，照顾很多人，这就是民族性的不同。所以，管理中生硬地照搬外国人的那一套就会出现水土不服的问题。

我在国外的商店里看到一个玻璃杯很漂亮，问售货员："多少钱？"

售货员："100元。"

我问他：“80元，可不可以？"（中国人习惯讨价还价了。）

售货员：“我查查看。"连讨价还价他都要查表，查完表他又拿出另外一个玻璃杯来，"那个一定要卖100元，这个可以卖80元。"

我问："为什么呢？"

售货员："你来看啊，这里有个裂痕，当然卖80元，这个好的卖100元。"

我觉得很好笑，你不告诉我，我可能会买那个有裂痕的，你告诉我，我会买吗？

我说："这样吧，我要这个好的，但是80元。"

售货员："你怎么可以这样？"（搞得他也一头雾水。）

双方是以各自的惯性表达在对话，体现出了外国人与中国人的不同之处。这就是文化的差异，是"软件"的不同。

中国文化理应作为企业的主流文化

现在很多公司，上层或者中层的管理人员都是从外国过来的职业经理人，他们正在推行一套西方的管理模式。

中国人会谅解、会协调，我们的适应力很强，能够随遇而安。在日本公司工作，就按照日本那套方式去做事；在美国公司工作，又很自然地按照美国方式办事；一旦回到中国当老板，又会用适合中国国情的那套方式。

我们国内职业经理人也越来越多。很多经理人到西方学习，回来后，中国企业的老板、董事长有可能期待他们带一套西方的管理经验进来。作为一个职业经理人，来到一家中国公司，要把多少从西方学来的东西带进来，又要在多大程度上采用中国人性管理的方法呢？作为跨国公司的主要管理者，你有责任争取以中国文化作为企业的主流文化。

如何把西方的管理科学和中国的管理哲学在实际管理中融合成一体，可以说，我本身就是一个见证人。

我学习了西方的管理科学，又懂得中国的管理哲学，所以可以做得很好。在中国这片土地上需要根据中国人的特性实施人性管理，生搬硬套西方的管理科学是行不通的。

飞利浦中国公司的总裁原来是荷兰人，后来换成了中国人，因为人人都知道，在中国强制使用西方的管理方式会费力不讨好，事倍功半。

早些年，飞利浦中国公司处理事情，原总裁就要求按照西方的方式去解决，现在变聪明了，他们会告诉干部："按照你们中国人的方式去解决，我们不管。"这种方式叫作企业本土化。如果不实行本土化，外商就很难在这里生根。

跨国公司在华本土化，是因为这些公司大部分的员工都是中国人，客户也是中国人，而外国人那种行为方式很难管理中国人。"以华治华"——中国人管理得好就用中国人。外国企业的本土化，也印证了中国式的人性管理的有效性。

中国企业的管理应以中国文化为主流，这也是21世纪一个不可抗拒的潮流。

第二十一章 实施人性管理的方法

中国式管理其实就是人性管理。关于实行人性管理，之前我们已经从不同方面进行阐述，这一章要把人性管理的一些基本原则成体系地介绍给大家。

人性管理的基本理念可归纳为三句话：以人为本，与时俱进，合理调整。只要能做到这三点，一切问题就迎刃而解了。

具体来说，如何实施人性管理？我们需要掌握的人性管理原则如图21-1所示。

```
                    ┌─ 不要讲"人力资源管理"
                    │
                    ├─ 不要存心去管人
                    │
       人性管理原则 ─┼─ 不要忽略人的情绪
                    │
                    ├─ 不要讨论人性的善恶，人具有可塑性
                    │
                    └─ 不要开口闭口就讲法
```

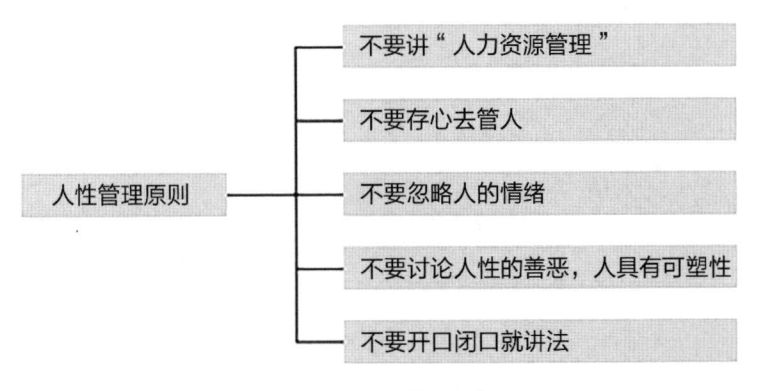

图21-1 人性管理原则

不要讲"人力资源管理"

人性管理最重要的是人,做人、做事要有良心,凡是对人类有害无利的科学,统统不能发展。

人类对某些有悖伦理、具有潜在危险的科技要加以限制,不能盲目地发展,比如克隆技术,克隆猪、克隆羊都可以,但是不能克隆人。当人类把机器人做得比活人还厉害的时候,它就可以去征服全世界了。

所以,实施人性管理的第一个原则是,不要讲"人力资源管理",这种说法根本不把人当人看,而是将人当作一种资源。我们要尊重员工,要尊重干部,要尊重客户,还要尊重那些看似与我们不相干的人,因为他们是我们的同胞。

我们的整个观念要改变,可以把"人力资源管理部"改为"人员发展部",不然,员工从人力资源部门前走过时,会想到自己是企业的资源,要被开发和利用,心情不会舒畅,不会愉快。

不要存心去管人

实施人性管理的第二个原则是，不要存心去管人。

上面我们说部门的名称要改，观念要变，在管理中也要以实际行动加以配合。因此，在企业管理过程中，管理者要多管事，不要存心管人，要理人，要尊重员工，给他面子，让他高高兴兴地去做事情。

不要忽略人的情绪

实施人性管理的第三个原则是，不要忽略人的情绪。

人都是有情绪的。有人认为，有朋友从远方来看你，说明你做人成功了。我并不这样认为，朋友老远来看你，可能是他存心要占一点便宜，或者是他需要你的一些帮助。如果你给朋友白开水喝，对他很冷淡，下次他再也不来了。这就是人的心理、人的情绪。

所以，中国人会哄人，给人家戴高帽子，这其实是很有道理的——让人家心里愉快，情绪舒展，人家才愿意跟你打交道，不然人家看到你就讨厌，还怎么谈合作？

我们不要忽略下属的情绪，人性管理是由情绪开始的。如果情绪管理不好，可能会有极大的破坏力——人类都有报复心理，表面上无所谓，背地里就会开始找麻烦，让你防不胜防。

敌人明目张胆地来，你比较好应付；如果敌人躲在暗处，你就很难应付。

不要讨论人性的善恶，人具有可塑性

人性管理的第四个原则是，不要讨论人性的善恶问题。

人性是可以改变的，要相信人具有可塑性，只要你引导得好，员工统统向善；你引导得不好，员工统统向恶。一家企业的员工工作好不好，当老板的人要负70%的责任，就如同在一个家庭中，父亲的影响力占70%一样。

作为老板，要求干部怎样去对待顾客，就要用同样的态度来对待你的干部。你对干部态度很凶，却要求他对顾客很和气，是根本不可能的。

我们不要总强调制度，强调合不合法，企业一定要有制度，但是很多时候制度是不能解决问题的。过分强调制度会忽略人性，管理者应更多地关注下属本身，顺应人性的发展特点，以人为本，因势利导，引导其向好的方向发展。

对于一个不太会变的人，可以放心地让他去求新求变，因为他不会大变。而中国人从小就善变——不变就不能活。对于这种善变的民族，任何人都不能阻止其变，即使我们不停地说"不要变"，实际上还是继续在变，这也是一种人性、一种民族性。

西方人比较容易满足，而中国人"得寸进尺"，永远不满足。所以，中国人讲精益求精，好了还要更好，永无止境；西方人很容易满足、很简单，他一生的目标就是赚一套房子、培养几个小孩，到了60岁，就把房子卖掉，去住养老院。这就是文化的差异。

不要开口闭口就讲法

人性管理的第五个原则是，不要开口闭口就讲法。

不到万不得已的时候不要讲法，因为法是我们做事情的最低限度。

我们的政府一直在强调"为人民服务"，企业也是这样。老板们不要只盯着赚钱，如果一位老板在公司里面公开讲"开公司就是为了赚钱，只要赚钱我们可以不择手段"，就会被员工看不起，甚至会离他而去。

西方人一开口就是money，不会觉得不好意思。对于钱，中国人是放在心里面想的事情，但是不必讲出来。

不讲法讲什么？要讲情。

中国人以理为中心，情帮助我们讲理，法也是帮助我们讲理的。我们常听到"有理走遍天下"，从来没有"守法走遍天下"的说法，而且每个地方的法是不一样的，没法凭借一个地方的法走遍全天下。

中国人是讲情理的，一切皆以"情"为出发点，做事因循"情""理""法"，有情有理还必须有法，法在情理之下，毕竟有规矩才能成方圆，否则规矩就不起作用了。守规矩是基础，要守规矩才知道有方圆。

方就是圆，圆就是方，圆是什么？圆就是大方，方到很大，就会变成圆。

为什么要做到大方呢？怎么样才是大方呢？

大方就是圆通。老子讲"大方无隅",意思是说,大方到一定程度就看不到棱角了。一个人有棱角就很小气,磨砺多少年以后没有棱角了,这样也可以,那样也可以,他就圆了。

比如,一张桌子有四个角,看得到也摸得到,因为它很小,凡是看得到的有角的东西,都是很小气的。如果我们把这张桌子无限放大,一个角也看不见,那么我们就变圆了,也就开阔了。

有成绩时要感谢上司给你机会

人性管理要由情入理，如果情绪控制不好的话，会产生很大的破坏。

老板十分信任一位员工，把重要的事情交代给他，因为成败就在此一举，老板还要派几个人与他同行，并亲自给他们饯行。被派出去的人，所有的困难都要想方设法克服，不完成任务不敢回来。这位老板就是成功的老板，精通人性管理。

现在很多老板不会这样做。老板常常是坐着发布指示："你这次去，要用心一点，如果不成功，有你好看的。"结果派出去的人就投奔敌人去了——重要关头老板不去安抚下属，他也就不管你了。

历史上大将出征之前，皇帝都要亲自敬酒，以鼓舞士气，振奋军心。一次年羹尧打完胜仗归来，雍正皇帝检阅部队时请各位将士稍息。但底下人一动不动，此时年羹尧千不该万不该讲一句话："他们只知道有将令，不知道有君令。"年羹尧依仗自己的功勋做了很多超越本分的事情，最后落得家破人亡的下场。其实，单就这件事来看，皇帝给了年羹尧面子，是他不知道感恩反省，反而变本加厉。

假如我是年羹尧，皇帝说："各位将士请稍息。"我马上接着讲："皇上爱护各位，请稍息。"大家立刻稍息，皇帝的面子给够了，也就高兴了。

这个故事的道理就是：上对下，要考虑下的情绪；下对上，也要考虑上的情绪。

领导也有情绪。功高震主，死得更快。不会有人同情你，因为你得罪的毕竟是老板。

有人不解其中的道理：我自己有了成绩，凭什么要感谢老板？

我曾问过很多人："凭什么要感谢你的老板？事情是你做的，责任是你担的，市场是你开拓的，所有一切都是你在谋划，一切都是你在做，老板应该感谢你，你还要感谢老板干什么？"这个问题很多人答不出来。

答案是：你要感谢老板给你这个机会，感谢公司为你提供了平台。

很多干部说：在我千辛万苦干活的时候，老板对我很客气；一旦事情做好了，他就翻脸，给我难看，存心叫我走。其实老板的本意就是叫你走，因为你趾高气扬，不把他放在眼里。一个人越有成就的时候，越要像麦穗一样低头，这就是谦虚——把功劳让给老板，自己就平安。

总而言之，人性管理的基本思想、原则、方法可以归纳为以下三点：以人为本，与时俱进，合理调整。这三点都做到了，一切问题就解决了。

身为领导，不但要牢记这三句话，还要做到会用、精通，管理水平和能力就能获得提升。

以人为本

老板对客户很有礼貌，但看到员工就骂他、糟蹋他，这种做法是完全错误的。对待员工要跟对待客户一样，客户是你的命，员工也是你的命。

与时俱进

要随时调整管理策略，随时改变管理方式和态度，直到改到合理的地步。行事只要合理，就能使企业一直发展下去。

合理调整

经过一段时间之后，随着社会的发展变化，合理又会变成不合理，这就需要我们再继续调整，使其再趋于合理。所以，合理调整是个循环的周期性工程，要逐渐地调整、改变，不要突变。

我所提出的中国式管理学说，是在了解西方管理科学和之后，根据对中国文化要义的研究和理解，以及对中国人人性的理解，提出的一种管理学说。它对生长于中国传统文化当中的企业具有重要的借鉴意义，对于我们做人、做事也可以提供一些帮助。

附录

曾仕强教授做客《名家论坛》对话「人性管理」

主持人：

观众朋友们，欢迎您收看山东教育电视台的《名家论坛》节目。今天我们演播室请到的嘉宾是来自我国台湾地区的曾仕强教授。在前面的节目当中，曾仕强教授给我们讲了很多关于中国式管理的具体问题。我想，在场的观众肯定有很多收获，但是他们也可能有一些新的疑惑。我们留了一些互动的时间，大家有什么问题，可以当面向曾仕强教授请教。

观众：

曾教授您好！我来自青岛福田公司。您认为人性化的绩效考核方法和激励手段有哪些？谢谢！

曾仕强：

好！很好！我不赞成一上班就工作，那是不人性化的。上班前10分钟、前15分钟不要工作，把环境整理整理，给花卉浇浇水，彼此打打招呼，寒暄一下，然后才开始工作。

管理人员急急忙忙地就让员工赶工，他怎么能快乐呢？主管一早上就骂人，上上下下还能做事吗？

绩效是非常忠实的。绩效做不出来，什么管理都没有用。坦率地讲，我们有一套有效的考核办法，用一句话概括就是：公司要考核部门，不要去考核个人；部门才去考核个人，这样就不会有个人英雄主义。如果公司考核个人，员工就容易直接"置同仁于死地"，就会破坏别人的工作成果，把别人的业绩抢过来。所以，我们的考核一定要对部门，不对个人。这个部门业绩是甲等，老板给多少奖金，至于部门里面怎么分，老板不管，这样才会有团队精神。所以，我们整体的考核方式，不能以个人作为目标，否则不可能产生团队精神。部门做得好，发奖金；部门做不好，个人再好也没有用。这样，每位员工都会考虑自己的所作所为对集体的影响，而不是总想着搞个人英雄主义。

观众：

曾教授您好！我近期读了一些您有关中国式管理的著作，感触很深。我有一些理解，不知是否有偏差，请曾老师指导。

您的人性管理学说，我个人理解是它讲的主要是方法论的问题，如何运用这个方法把管理者和员工的人性改变一下，那么，我要考虑怎样处理这个方法论和发展论的矛盾。人的本性是有好的、有坏的，我如何通过了解他的内心，保留他的优点、抑制他的缺点，也就是一个发展的问题。21世纪是中国式管理的世纪，它的生命力有多强？怎样把方法论和发展论有机地结合，把这个矛盾有效地化解一下呢？谢谢！

主持人：

这个问题本身也有一定的见地。这位朋友经过自己理解之后，又提出了新的问题。

曾仕强：

第一，人性是无法改变的。自古以来，一切一切都在变，只有人性是没有变的。西方人也谈人性管理，可是他们搞不清楚什么是人性。孔子搞得很清楚，他说"性相近，习相远"！我们认为，人的不同是习惯不同，不是人性不同，这一点不要搞错了。西方人把习惯看成人性，这是不对的。习惯跟人性有什么关系？

有一次我跟外国朋友出门，发现有一个标语叫作"不要随地吐痰"，分别标注了汉语和英文。无缘无故把这个翻译成英文干吗？我不理解。外国朋友看了以后就吓得不得了，他问："连吐痰都不行，都要禁止吗？"外国人可以随时吐痰，因为他没有吐在地上的习惯，人家有痰还不能吐，那还得了？外国人习惯用卫生纸吐痰，禁止人家什么？没有国际观念的人才会写这种话，让外国人困惑得不得了。

我举这个例子就是说，不要去改变一个人的个性，我们要改变的是他的习惯。这是第一个要了解的。

第二，孔子从来没有讲过"性善"，也没有讲过"性恶"。孔子告诉我们，人性是可塑的，因为人性是有弹性的，可以往这边拉一点，也可以往那边拉一点，但是无法从根本上改变。有的人拉得过来，有的人拉不过来。拉不过来就是拉不过来，不必去硬拉。比如，每一个人出去学一种本领，有人学得很好，有人一辈子都学不好。再比如说唱歌，没有好的歌喉再怎么练也唱不好；嗓音好的，随便一唱就唱得很好。一定要有这样的观念才行。

孔子有两个有名的传人，一个叫孟子，一个叫荀子。孟子宣传"性善"，结果一直有肉吃；荀子讲真话，他主张"性恶"，结果被赶了出去。其实性善与性恶的理论本质是一样的，就是可善可恶。我希望各位不要有缺点和优点的观念，那是错误的。一个人的优点正好就是他的缺点，一个人的缺点刚刚好就是他的优点。

主持人：

您的意思是不是说优点也罢、缺点也罢，关键在于怎么合理地为人所用？

曾仕强：

用得合理都是优点，用得不合理就是缺点。一个人身材比较瘦小，这个人多半比较听话，因为他打不过你；胳膊粗的人很壮实、比较气粗，他随时准备跟你打，他听你的才怪！所以，还有什么优缺点之分？

主持人：

关键就是知人善用。要把他的特点充分地发挥出来，让特点变成优点，而不要变成缺点。

观众：

曾教授，您好！假设有这么一种情况，主管的下属总是打小报告给主管的上级，甚至用匿名信的方式来举报。他的小报告中有些事情是无中生有或小题大做的，这种情况如何处理？

曾仕强：

很好！第一，这种情况你防止不了，因为他躲在暗处。第二，你不用害怕，因为害怕丝毫不能解决问题。第三，你应该像我一样，觉得这是件好事情。没有人打小报告，上面不会注意我，我做了好事他也不知道。真金不怕火炼，我就恨不得你打我小报告，而且恨不得你给我扭曲。你把我描得越黑，上面越会派人来考察我，最后他发现我是被冤枉的，真相大白。这样，我们不用自己去表彰自己，就可以给上级留下很深刻的印象。

为什么怕他打小报告？报告的情况是真的我才怕。如果不是真的有什么好怕呢？所以，人的观念一改变，什么事情都会改变。

主持人：

过去有句话叫"三人成虎"，如果他总打小报告，上级会不会有些将信将疑？觉得无风不起浪嘛！

曾仕强：

如果你的上级是很容易相信这种小报告的人，你就明白了你给他卖命是没有用的，就要提醒自己说，马马虎虎、应付他就可以了。你如果因此而被注意，索性就同这些人周旋——不做事。这些是上级造成的，不是你造成的。

主持人：

一般的人如果碰到下属打自己的小报告，是会有所行动的。这种情况下要不要行动？怎么行动？

曾仕强：

行动是跟自己过不去。

主持人：

不行动，根本不理会这些？

曾仕强：

你越不理会，上面越觉得奇怪：这个人怎么会不理会？你越紧张上边越觉得那些小报告一定是真的，要不然你怎么那么紧张？他不用派人来查了，因为你的表现就说明你有问题。考试时老师没有那么精明，谁作弊都知道，都是学生们自己告诉老师的。一打小报告你就紧张，那还用查吗？不用查了。被别人打小报告却无动于衷，这就很奇怪了；继续打，他还无动于衷，那就更奇怪了。上司一定会派三人小组去调查，一查，发现你是个好干部，最后真相大白了。

主持人：

不知道这位朋友有没有这个定力？

观众：

我还有一个问题想请教一下曾老师。在企业运转当中，有这样一个很现实的问题，就是企业不大可能永远一团和气，可能是某一个规章制度触及某人的利益了，或者是这个制度约束他更多一些，他可能会以身试法，故意去违反制度。对于这种恶意违反规定，或者对企业造成比较严重的损失的人，管理人员可能需要站出来唱红脸。就这个问题请教一下曾老师，这个红脸怎么唱才能既保证公司的利益，又能够给这个员工一个教训，在确保这个员工不再犯的同时，还不至于使他太丢面子，不会让他产生报复公司的想法呢？

主持人：

这个问题难度也挺大。

曾仕强：

我不认为一团和气是好事情，那是和稀泥。我当老板，如果一个部门完全没有杂音，一团和气，我就开始怀疑了：一定是"分赃"很均匀才会这样。所以，我希望各位听懂我的话，我说"和气"，要马上想到"不和气"；我说到"要"，马上要想到"不要"。这才是懂《易经》的人。有阴必有阳！长期一团和气，这家公司百分之百会垮！我们要保留5%的不同声音，才会进步。所以，我始终不认为不同的意见是挑战，在我看来，有不同的意见是好事。古代还有人专门请人来骂自己，有骂声才会长进嘛！

主持人：

就像前面讲的案例，不能让青蛙在温水里。经常会出乱子的员工可能就是感觉水温已经很热，他跳出来是为了让你保持警觉的，但是这个人是要处理的。

曾仕强：

管理人员必须有雅量——你有意见尽管说，我不在乎。而且要成立一个小组去研究他的意见能不能融进来，可以的话，我们进行企业制度的调整——企业制度必须不断地调整，不然就僵化了、老化了、过时了。

主持人：

不管是多么无理的人，都要分析他的言行是否有合理的成分。如果这个员工确实是一个无理的人，而你又真的想处理他，还不希望给公司造成后患，怎么办呢？

曾仕强：

以我的经验看，基本上我还没有发现有人是成心和企业作对的。换句

> 说，你看他这样，他才这样；你不看他这样，他就不这样。有人骂你，你就觉得他很凶，你如果对他说，他讲得有道理，他的态度马上就缓和下来。两个人不争执就吵不起来，他凶，你比他更凶，结果就吵起来了。员工对我凶，我还是很客气，他就慢慢地缓和下来；我更客气一些，他再缓和一些，一切问题就很好谈了。你凶，我比你更凶，大家就一起凶了。对方的情况往往都是我们造成的。

主持人：

曾教授永远不会直接出拳，他总是用这种太极拳的方式把对方的力量化解掉。

观众：

曾教授，您好！请教您一个理论问题。您的学说里反复提到，企业存在的目的不是赚钱。我赞成您的观点。在19世纪，共产主义思想的鼻祖马克思在《资本论》里对当时"一切钻到钱眼里"的社会现象，做了严肃、尖锐的批驳，并指出，资本家为了100%的利润，能杀人；为了300%的利润，可以自杀。但是，让我困惑的是，现在在我们中国的管理类教科书里面，或者在绝大多数企业管理的宗旨里，都把企业经营的根本目的定位在争取利润的最大化上。请您解释一下这种矛盾。

曾仕强：

钱是很重要的，但是，它永远不是唯一重要的东西。一家企业有几个功能，企业的英文叫作Enterprise，Enterprise含有冒险的意思，开创、冒险，是有风险的。一家高科技企业要保证赚钱，那是不可能的事情；一家高科技企业创立初期亏损六七百万元，那是很正常的事情。如果你要求它只能赚钱，就没有办法做了；只做那些可以赚钱的事情，这家企业永远兴旺不起来。

> 有些中国人说："你跟我一起投资，我保你赚钱。"这些话都是骗人的。任何企业都有它的风险性，今天之所以不亏本，是因为有政府在支持。真正处在自由竞争的环境中，没有几家企业起得来，这才是真相。不要错误地以为你已经处于竞争状态，你是优胜者。我看到的太多了！银行一发现企业的资金周转不灵，马上抽紧银根，所有股东连夜向企业催债，企业就走投无路了。Enterprise就是有相当的风险性，如果企业好搞，所有人都去搞企业了，谁还愿意教书？

主持人：

如果企业以追求利润最大化作为自己的目标会导致一些问题的话……

曾仕强：

> 问题很多。

主持人：

那以什么作为企业的目标才是正确的呢？

曾仕强：

> 我们的企业为什么会存在？以发达国家为例，日本没有一家企业不去追究、不去宣传企业为什么会存在的问题，但是没有一家说是为了赚钱而存在。松下电器认为，自己是为了给社会提供很安全的电器产品而存在的，所宣传的是服务，而不是赚钱。美国也没有一家企业说它是为赚钱而存在的。
>
> 企业是为了服务大众而存在的，这不是讲好听的话，因为只有这样，你才会得到社会的永恒认可。企业必须尽到社会责任，只要没有尽到社会责任，就不可能存在。

> 这些话既不是说给社会听的，也不是说给企业的员工听的，它们一定要被内化为企业真正的理念，你的努力才会成功，否则不可能成功。我要说明一点：凡是贴在墙壁上的都没用，凡是喊口号都没有用；一定要把这一理念牢记在心里，的的确确地服务社会，才能成为一家成功的企业。

主持人：

所以，每一家企业的成功之处，在于找到了服务社会的不同途径。

曾仕强：

> 换言之，只有你找到了为社会提供服务的途径，才能养活自己。

观众：

现在中国企业的形式基本上有两大类：第一类是国有的，第二类是民营的。您认为在这两类企业里面，国有企业老板的管理模式比较好，还是民营企业老板的管理模式比较好？如果说是国有的比较好，那么国有企业又是改制、又是破产，企业员工的利益得不到保障；如果说民营企业做到了人性管理，您又说企业存在周期只有2～7年，而且符合这种周期的多数是民营企业。您怎样看待国有企业和民营企业的问题？

曾仕强：

> 我不认为国有企业都是不好的。我坦率地讲，民营企业在很多行业根本没有办法去做，民营企业有本事搞个钢厂试试！资金需要非常庞大，民营企业有多大的本事去搞呢？只有国有企业才能搞得下来。你说自己有本事，好，搞个石油厂、炼油厂！恐怕连油都找不到。该国有搞的行业要让国有去搞，该民营办的行业让民营去办。而且，我主张凡是资金需要很庞大、冒险性很

大、跟资源有密切关系的行业，要先让国有企业去办，搞好了，再开放一部分给民营企业。国家要带头，老百姓做不了的事情由国家来做，老百姓做得了的，国家不要做。

主持人：

就现在的国有企业来说，实行人性管理的成分多吗？

曾仕强：

中国并不完全都一样。国家太大，一定要一步一步走才稳健。所以，有些省有公文才办事，有些省只要没有规定"不许做"，就敢做，这是不一样的。

主持人：

就民营企业的情况来说，如果民营企业能够运用人性管理的方式，能够逃脱2～7年的周期厄运吗？

曾仕强：

其实，我看出来各地经济发展不一样。浙江地区就比较平静，贫富不悬殊，温州几乎每个人都有一家企业；可是，广东的贫富悬殊，山西就更悬殊了，有钱的很有钱，没有钱的穷得要命。同样在浙江，杭州人与温州人相比就完全不一样。杭州人的企业发展因为有西湖在那里，比较富裕，步调就比较慢，比较不积极；温州人因为当年自己那里很穷，所以每一个人都动脑筋发展企业，所以，企业的生命周期不能一概而论。

主持人：

任何一种管理方式，不同的人来运用、运用的熟练程度不同，取得的效果也不一样。所以,不是说只要实行人性管理,就能全面解决问题。

> **曾仕强:**
>
> 　　我把全国的企业基本考察下来,比较尊重人性的管理者,他的企业发展得比较顺利一点,因为事在人为嘛!如果采取比较强硬的方式,底下人做事就只是应付。

主持人:

　　所以,人性管理的理念在于,要真正了解人性管理的精髓并熟练地去运用,并且能够权衡不同情况采取不同的措施。

　　非常感谢曾教授给我们讲了这么长时间,也感谢各位的提问和双方的交流,让我们对人性管理有了更深入和更全面的了解。谢谢大家!

(根据音像资料整理——编者注)